民國文存

41

佛學綱要

蔣維喬 編

知識產權出版社

本書對佛教的起源、變遷、傳播以及教理、經典等進行了細緻描述，內容深入淺出、通俗易懂，一來可啓發讀者研究佛學之興趣，二來便於初學者入門。一般讀者閱讀以後即可瞭解佛教的全部概況。

本書適合對宗教、佛學感興趣的大眾及相關研究者閱讀。

責任編輯：蔡敏敏　　　　責任校對：韓秀天
執行編輯：陳　璐　　　　責任出版：盧運霞
特約編輯：陳棣芳　　　　動態排版：賀　天

圖書在版編目（CIP）數據

佛學綱要/蔣維喬編.—北京：知識產權出版社，2012.12
（民國文存）
ISBN 978-7-5130-1779-4
Ⅰ.①佛… Ⅱ.①蔣… Ⅲ.①佛学 Ⅳ.①B94
中國版本圖書館 CIP 數據核字（2012）第 309664 號

佛學綱要
Foxue Gangyao

蔣維喬　編

出版發行：	知識產權出版社			
社　　址：	北京市海澱區馬甸南村 1 號	郵　編：	100088
網　　址：	http://www.ipph.cn	郵　箱：	bjb@cnipr.com
發行電話：	010-82000860 轉 8101/8102	傳　真：	010-82005070/82000893
責編電話：	010-82000860 轉 8343	責編郵箱：	caiminmin@cnipr.com
印　　刷：	北京中獻拓方科技發展有限公司	經　銷：	新華書店及相關銷售網站
開　　本：	720mm×960mm　1/16	印　張：	9
版　　次：	2013 年 3 月第一版	印　次：	2013 年 3 月第一次印刷
字　　數：	107 千字	定　價：	36.00 元

ISBN 978—7—5130—1779—4/B・076（4637）

出版權專有　侵權必究

如有印裝質量問題，本社負責調換。

民國文存

（第一輯）

編輯委員會

文學組

組長：劉躍進

成員：尚學鋒　李真瑜　蔣　方　劉　勇　譚桂林　李小龍
　　　葉　曄　吳冠文　鄧如冰　金立江　張新贊

歷史組

組長：王子今

成員：秦永洲　張　弘　李雲泉　李揚帆　姜守誠　吳　密
　　　姜　鵬

哲學組

組長：周文彰

成員：胡　軍　胡偉希　彭高翔　干春松　楊寶玉

出版前言

　　民國時期，社會動亂不息，內憂外患交加，但中國的學術界卻大放異彩，文人學者輩出，名著佳作迭現。在炮火連天的歲月，深受中國傳統文化浸潤的知識份子，承當著西方文化的衝擊，內心洋溢著對古今中外文化的熱愛，他們窮其一生，潛心研究，著書立說。歲月的流逝、現實的苦樂、深刻的思考、智慧的光芒均流淌於他們的字裡行間，也呈現於那些細緻翔實的圖表中。在書籍紛呈的今天，再次翻開他們的作品，我們仍能清晰地體悟到當年那些知識分子發自內心的真誠，蘊藏著對國家的憂慮，對知識的熱愛，對真理的追求，對人生幸福的嚮往。這些著作，可謂是中華歷史文化長河中的珍寶。

　　民國圖書，有不少在新中國成立前就經過了多次再版，備受時人稱道。許多觀點在近一百年後的今天，仍可說是真知灼見。眾作者在經、史、子、集諸方面的建樹成為中國學術研究的重要里程碑。蔡元培、章太炎、陳柱、呂思勉、謝無量、錢基博等人的學術研究今天仍為學者們津津樂道；魯迅、周作人、沈從文、丁玲、梁遇春、李健吾等人的文學創作以及傅抱石、豐子愷、徐悲鴻、陳從周等人的藝術創想，無一不是首屈一指的大家名作。然而這些凝結著汗水與心血的作品，有的已經罹於戰火，有的僅存數本，成為圖書館裡備受愛護的珍本，或成為古玩市場裡待價而沽的商品，讀者很少有隨手翻閱的機會。

　　鑑此，為整理保存中華民族文化瑰寶，本社從民國書海裡，精心挑出了一批集學術性與可讀性於一體的作品予以整理出版，以饗讀者。這些書，包括政治、經濟、法律、教育、文學、史學、哲學、藝術、科普、傳記十類，綜之為民國文存。每一類，首選大家名作，尤其是對一些自新中國成立以後沒有再版的名家著作投入了大量的精力，進行了整理。在版式方面有所權衡，基本採用化豎為橫、保持繁體的形式，標點符號則用現行的規範予以替換，一者考慮了民國繁體文字可以呈現當時的語言文字風貌，二者顧及到今人從左至右的閱讀習慣，以方便讀者翻閱，使這些書能真正走入大眾。然而，由於所選書籍品種較多，涉及的學科頗為廣泛，限於編者的力量，不免有所脫誤遺漏及不妥當之處，望讀者予以指正。

目　錄

總序 ………………………………………………………… 1

自序 ………………………………………………………… 4

例言 ………………………………………………………… 7

第一章　緒論 ……………………………………………… 9
 第一節　什麼叫做佛學 ………………………………… 9
 第二節　研究佛學怎麼樣下手 ………………………… 10
 第三節　佛學和學佛須要分別清楚 …………………… 12

第二章　佛教的背景和它的成立原因 …………………… 14
 第一節　佛出世前印度的思想界 ……………………… 14
 第二節　佛出世前印度的社會 ………………………… 17
 第三節　佛教成立的原因 ……………………………… 19

第三章　釋迦牟尼的略史 ………………………………… 21
 第一節　釋迦成道以前的狀況 ………………………… 21
 第二節　釋迦成道的時期 ……………………………… 23

第三節　釋迦的轉法輪 ………………………………… 25
　　第四節　釋迦的入涅槃 ………………………………… 27

第四章　佛教的立腳點和它的教法 ………………… 30
　　第一節　佛教立腳點在乎人生的多苦觀 …………… 30
　　第二節　佛家的教法 …………………………………… 32

第五章　釋迦滅度以後弟子結集遺教 ……………… 40
　　第一節　第一次結集 …………………………………… 40
　　第二節　第二次結集 …………………………………… 42
　　第三節　第三次結集 …………………………………… 45
　　第四節　第四次結集 …………………………………… 47
　　第五節　大乘經典的結集 ……………………………… 48
　　第六節　祕密經典的結集 ……………………………… 50

第六章　佛教在印度的盛衰 ………………………… 53
　　第一節　小乘佛教的分裂 ……………………………… 53
　　第二節　大乘佛教的發展 ……………………………… 55
　　第三節　大小兩乘的分別 ……………………………… 59
　　第四節　印度佛教的衰頹 ……………………………… 60

第七章　佛教傳入中國的狀況 ……………………… 64
　　第一節　佛教東傳的時期 ……………………………… 64
　　第二節　歷代的譯經事業 ……………………………… 66
　　第三節　各宗的次第成立 ……………………………… 72

第八章　大藏經的雕刻 …………………………… 83
- 第一節　國內雕印的大藏經 ………………………… 83
- 第二節　國外雕印的大藏經 ………………………… 87

第九章　佛教的研究方法 …………………………… 91
- 第一節　佛教大體的研究 …………………………… 91
- 第二節　佛教歷史的研究 …………………………… 92
- 第三節　佛教教理的研究 …………………………… 93
- 第四節　經論的研究 ………………………………… 98

第十章　佛家的修行方法 …………………………… 106
- 第一節　戒、定、慧三學 …………………………… 106
- 第二節　禪觀 ………………………………………… 111
- 第三節　念佛 ………………………………………… 114
- 第四節　持呪 ………………………………………… 120

第十一章　結論 ……………………………………… 122

附參考書 ……………………………………………… 123

索　引 ………………………………………………… 125

編後記 ………………………………………………… 131

總序

　　這部叢書發端於十年前，計劃於三年前，中歷徵稿、整理、排校種種程序，至今日方能與讀者相見。在我們，總算是"慎重將事"，趁此發行之始，謹將我們"慎重將事"的微意略告讀者。

　　這部叢書之發行，雖然是由中華書局負全責，但發端卻由於我個人，所以敍此書，不得不先述我個人計劃此書的動機。

　　我自民國六年畢業高等師範而後，服務於中等學校者七八年。在此七八年間無日不與男女青年相處，亦無日不為男女青年的求學問題所擾。我對於此問題感到較重要者有兩方面：第一是在校的青年無適當的課外讀物；第二是無力進校的青年無法自修。

　　現代的中等學校在形式上有種種設備供給學生應用，有種種教師指導學生作業，學生身處其中似乎可以"不遑他求"了。可是在現在的中國，所謂中等學校的設備，除去最少數的特殊情形外，大多數都是不完不備的。而個性不同、各如其面的中等學生，正是身體、精神急劇發展的時候，其求知慾特別增長，課內的種種絕難使之滿足，於是課外閱讀物便成為他們一種重要的需要品。不幸這種需要品又不能求之於一般出版物中。這事實，至少在我個人的經驗是足以證明的。

　　當我在中等學校任職時，有學生來問我課外應讀什麼書，每感到不能為他開一張適當的書目,而民國十年主持吳淞中國公學中學部的經驗,更使我深切地感到此問題之急待解決。

在那裏我們曾實驗一種新的教學方法——道爾頓制,此制的主要目的在促進學生自動解決學習上的種種問題,以期個性有充分之發展。可是在設備上我們最感困難者是得不着適合於他們程度的書籍,尤其是得不着適合於他們程度的、有系統的書籍。

我們以經費的限制,不能遍購國內的出版品,為節省學生的時間計,亦不願遍購國內的出版品,可是我們將全國出版家的目錄搜集齊全,並且親去各書店選擇,結果費去我們十餘人數日的精力,竟得不到幾種真正適合他們閱讀的書籍。我們於失望之餘,曾發憤一時擬為中等學生編輯一部《青年叢書》。只惜未及一年,學校發生變動,同志四散,此項叢書至今猶祇無系統地出版數種。

此是十年前的往事,然而十餘年來,在我的囘憶中卻與當前的新鮮事情無異。

其次,現在中等學生的用費,已不是內地的所謂中產階級的家長所能負擔,而青年的智能與求知慾,卻並不因家境的貧富而有差異,且在職青年之求知慾,更多遠在一般學生之上。即就我個人的經驗而論,十餘年來,各地青年之來函請求指示自修方法、索開自修書目者,多至不可勝計,我對於他們媿不能盡指導之責,但對此問題之重要,卻不曾一日忽視。

根據上述的種種原因,所以十餘年來,我常常想到編輯一部可以供青年閱讀的叢書,以為在校中等學生與失學青年之助。

大概是在民國十四五年之間,我曾擬定兩種計劃:一是少年叢書,一是百科叢書,與中華書局陸費伯鴻先生商量,當時他很贊成立卽進行,後以我們忙於他事,無暇及此,遂致擱置。十九年一月我進中華書局，首即再提此事，於是由計劃而徵稿，而排校。至二十年冬，已有數種排出。當付印時，因估量青年需要與平衡科目比率，忽然發現有不甚適合的地方，便又重新支配，已排就者一概拆版改排，遂致遷延至今，始得與讀者相見。

我們發刊此叢書之目的，原為供中等學生課外閱讀或失學青年自修研究之用。所以計劃之始，我們即約定專家，分別開示書目，以為全部叢書各科分量之標準。在編輯通則中，規定了三項要點，即：（一）日常習見現象之學理的說明；（二）取材不與教科書雷同而又能與之相發明；（三）行文生動，易於了解，務期能啟發讀者自動研究之興趣。為要達到上述目的，第一，我們不翻譯外籍，以免直接採用不適國情的材料，致虛耗青年精力；第二，約請中等學校教師及從事社會事業的人擔任編輯，期得各本其經驗，針對中等學生及一般青年的需要，以為取材的標準，指導他們進修的方法。在整理排校方面，我們更知非一人之力所能勝任，乃由本所同人就各人之所長，分別擔任。為謀讀者便利計，全部百冊，組成一大單元，同時可分為八類，每類有書八冊至廿四冊，而自成為一小單元，以便讀者依個人之需要及經濟能力，合購或分購。

此叢書費數年之力，始得出版，是否果能有助於中等學生及一般青年之修業進德，殊不敢必，所謂"身不能至，心嚮往之"而已。望讀者不吝指示，俾得更謀改進，幸甚幸甚。

舒新城

二十二年三月

自序

　　有一天，我友舒新城來說："中華書局，現在擬編一套《百科叢書》，專供中學程度的人閱讀，擬定的目錄中間，有《佛學綱要》一種，要請您擔任，但有兩個條件：一是不可太深；二是要用白話。"我聽他這話，想了一想，頗難立刻回答。因為佛教的本身，是建築在理智上面的，比任何宗教，來得精深博大，要說得十分淺近，根本上就有點為難；至於白話文字，我向來雖沒有做過，倒可以遷就的。

　　隔了幾天，舒君居然送到正式函件，一定要我擔任這工作。我想三十幾年前，自己研究佛典，得不到淺近入門書，枉費了無數的冤枉功夫，回想起來，真不值得。倘然能借這機會，做一部淺近的書，方便方便初學的人，叫他們不再像我的暗中摸索，有一條坦坦平平的路，可以向前走去，也是很有益的，就毅然答應下來。

　　答應是答應了，但是怎樣着手，方可以真正達到淺近兩個字呢？這不是容易的事。左思右想，經過多日，方纔得到三條原則：一是佛學上的專門名詞不易了解，最為初學的難關；這書於專門名詞，可以少用，就捨而不用；遇到必用的名詞，隨時拿這名詞界說意義，講明以後，方敍述下去；倘若行文時不便多加說明，就在本句底下加以夾註。二是佛學上高深的道理，也為初學所不能明瞭的。這書，多採事實，少談玄妙，只將佛學上根本原理，詳細說明；此外各宗的、廣泛的學說，概從省略。三是佛家的修道方法，各宗派別不同，也很複雜。這書也不一一羅列，只將簡單而可以實踐的，說明大略。定了這三條原則，方纔着手編輯；如今全書告成，拿來翻閱一過，似乎中學程度的人，可以懂得。現代關於佛學的入門書，恐怕再要比這書淺近，是沒有的了。

我提筆做白話文，這還是第一次。但是我並不是主張文言反對白話的人，從前所以不大做白話的緣故，因為文言簡短，白話冗長，三句兩句就可了的文言，改用白話，或須七八句、十幾句方可說完。我好幾十年用慣了文言的工具，一旦要改做白語，倒反覺得費事，從前不大做白話，就不過為這點小關係，並沒有什麼新舊的成見在那裏。記得民國八九年時候，我在北平，這時我國的白話大家胡適之，正在大吹大擂，提倡白話文。有一天，我在友人陳頌平桌上，看見適之寫給頌平一個字條，却全是文言，旁邊特加小注云："事繁不及作白話。"可見徹底主張白話的人，到忙的時候，也不得不用文言；并且還要特別聲明所以暫時不做白話的緣故，免得人家疑心他改變節操。拿這件小小故事來引證，可見事繁的人，又是向來用慣文言工具的，不肯輕易做白話，不足為奇了。

我做完了這部書，也覺得白話有許多好處；往往有文言中不能攙入的說話，在白話中寫來，可以暢所欲言，覺得頭頭是道，平添讀者許多興味。況且舒君新城規定的《百科全書》每冊拿五萬字為限；講到佛學的材料，就是十萬字、二十萬字，也可以寫不完的。我這部書，依照上面三條原則去搜材料，當然有一大部分，不能適用，所以反覺得枯窘，幾幾乎五萬字，還湊不滿，幸虧是白話，可以多說幾句，方纔能修合格，否則恐怕不能交卷了。但是我做的白話，是正正當當的語體，不像那些時髦人，一開口就拿下等人的粗言鄙語，塗得滿紙，中間還要夾入許多古奧的成語在裏面，自家以為獨倡的格局，人們也因為他是當代偉人的手筆，不敢加以非難，這種妖模怪樣的白話，儘管有人恭維他是聖人，我是絕對不敢贊成的。

蔣維喬

例言

一、這書共十一章，凡是佛教的起原、變遷、傳布以及教理、經典、修道方法等，都已完備，閱讀以後，可以得到佛教全部的概況。

二、我國研究佛學的人，向來不注意到入門書籍；所以初學的人，徒然望洋興歎；這書是彌補這種缺憾的。

三、這書於專門名詞，隨時說明，或加夾註，所以各章後面，不必另加註釋。

四、這書中間引用的經典，必註明某書第幾卷，以便學者找尋原書。

五、這書遇地名、人名，凡是有西文的，都拿西文附註於下，以便學者將來可參考外國典籍。

六、這書於歷史年代，都註明公元紀年，以便前後貫串。

七、這書引用的中外參考書，都將書名、著作者、出版處於卷末另列詳表。

第一章　緒論

第一節　什麼叫做佛學

佛陀的意義

這個"佛"字，是從印度梵文裏翻譯出來的名詞。如果拿梵文聲音完全翻出，就是"佛陀"（Buddha）兩字，它的意思，就是覺者。這覺者又含三種意義：一曰自覺；二曰覺他；三曰覺行圓滿。什麼叫做自覺？就是說佛自己先能覺悟。什麼叫覺他？是說佛不單是自己覺悟，并且化導他人，叫他人也能覺悟。什麼叫覺行圓滿？是說佛自己覺悟，又覺悟他人，這兩種德行，已到了圓滿無缺的地位。然這"佛陀"兩字，平常習慣用省略的稱呼，就叫作佛。

佛教與佛學

世界無論那種宗教，各宗各有依據的哲理，然多少總帶些迷信的色彩，惟有佛教的基礎，是完全建築在理智上的，所以包含的哲理，很高很深，非但任何宗教所不能及，就拿東西洋的各種哲學來比較，也沒有那一種哲學能夠趕得上的。我們略去佛家的宗教形式，單拿它的學理來講，也就覺的包羅萬有、趣味宏深，這是稍微涉獵的人所公認的，用這等方式，當作一種學問去研究，就可以叫做佛學。

第二節　研究佛學怎麼樣下手

大藏經與一切經

　　佛家的經典，全部整個兒的，稱為《大藏經》，又叫做《一切經》。這名詞是什麼時候起的呢？那是隋朝開皇元年，命京師以及諸大都邑地方，一律用官家經費，抄寫《一切經》，安放在各寺院裏，又另外抄寫一份，藏在皇家的祕閣裏面，就是《藏經》和《一切經》兩個名稱的來源。照此看來，藏字最初是含有貯藏的意味，到後來又加添了包藏豐富的意味。

經、律、論三藏

　　《藏經》的內容，分為三大部分：一曰經藏；二曰律藏；三曰論藏。經藏的梵音，叫做素呾纜（Sūtrapitaka），乃是記錄佛的言說。素呾纜的本義，是用線去貫串花鬘（花鬘，是印度人的裝飾）的意思。佛的言說，能够貫串一切的道理，所以拿素呾纜來做比喻。我國古來稱聖人的言說為經，經字的義，訓為常，訓為法，其意是指聖人的言說，就是常道，是可以為世間所取法的；并且織布時，直線為經，橫線為緯，也有用線去貫串的意思。所以古時翻譯的人，就譯素呾纜藏為經藏。律藏的梵音，叫做毗奈耶（Vinayapitaka），乃是佛所定的戒條。毗奈耶的本義是滅，謂佛弟子遵守這種戒條，可以消滅身、口、意三業的過惡的意思。（我們有所造作名為業，一切造作的業，不外身的動作、口的說話、心的主使，這叫做身、口、意三業。）和我國的律令意味相同。所以古時譯毗奈耶藏，為律藏。論藏梵音叫做阿毗達磨（Abhidharmapitaka），阿毗譯為"對"，達磨譯為"法"，就是用對觀真理的智慧，得到的涅槃妙法的意思（涅槃是梵音，譯為寂滅，佛家超脫生死，到得不生不滅的地位，名曰涅槃）換句話，論藏所收錄的，大抵是菩薩（菩薩是梵音，譯為覺有情，言其既能自己覺悟，又能度脫眾生，眾生有生命情感，故稱有情；菩薩之地位，次佛一等）發揮經義，教誡學徒的議論；學徒得這種教誡，就能觀察其理、發生智慧，照此方法修行，可以超脫生死的苦，到達不生不滅境界。

研究藏經的下手方法

提到《大藏經》，那就是一部二十四史，正不知從何處說起了這部龐大的經，卷帙的繁多、義理的高深、文字的古奧，三件的中間有了一件，就能叫學者望洋興歎，況且這三件都是完備的呢！然而我們不要害怕，凡是一種學問，無論怎麼樣艱難，總有下手的方法。這方法，先要提綱絜領，曉得它的來源和大概，尋到入門的徑路；然後就我們天性所近的，去細加研究。研究時當然要用泛覽和精讀兩種功夫。

但是佛學進中國以後，發達經過幾千年，恰從來沒有人為初學做過入門的書。近數十年中，方纔有人注意到此，出了幾部《佛教初學課本》《佛教問答》等書。著者亦曾做過《佛學大要》《佛教淺測》兩書，然而不是失之太深，就是失之太略。這也難怪，凡百事體，在草創的時期，這種毛病，總是免不掉的。如今做這部《佛學綱要》，就要竭力達到詳略得當、文理明白、叫讀者容易了解的地步。

第三節　佛學和學佛須要分別清楚

佛學與學佛是兩件事

　　佛學是一件事，學佛又是一件事，二者驟然看來沒有分別，實則大有分別，學者不可不先弄清楚。怎麼叫做佛學？就是深通經典、精研教理，成為博聞強記的學者。這種全在知識方面用功，可以叫做佛學。怎麼叫做學佛？原來我佛教化眾生的本意，是叫人依照他的方法去修行，得以超出生死苦海，方算成功。所以佛所說的種種經典，那是對眾生的種種毛病，開的藥方，並不是叫人熟讀這張藥方裏的藥名，就算了事，是要拿藥吃下去，除掉病根的，病根果然除掉，這藥方就用不著的了。我們能夠依照佛法修行，從精神方面用功，方可叫做學佛。

說食不飽的譬喻

　　佛經上長長❶提到一句話，叫做"說食不飽"（如人說食終不能

---

❶ "長長"，當為"常常"。——編者註

飽語見《楞嚴經》卷一），這話是什麼意思？是說我們飢餓時，總要想吃；吃時，總要想飽；那是人人相同的。倘然有一種好說空話的人們，對着飢餓的人，說得天花亂墜，羅列許多山珍海錯，單有空名，並沒有食物，結果枉教飢餓的人，聽是聽得有味，腹中仍不得一飽，這就叫"說食不飽"，就是譬喻佛經裏面的道理，窮高極深，我們單從知識方面，去求廣博的學理，不從精神方面，去求實在的受用，那麼和"說食不飽"毫無兩樣。所以我們起初研究佛學，結果還是學佛要緊。

問題

一、研究佛學和尋常學問不同之點？
二、經、律、論三藏之意義如何？

第二章　佛教的背景和它的成立原因

第一節　佛出世前印度的思想界

佛教產生的背景

　　大凡一種宗教的產生，必有它的背景，決非無緣無故，突然出來的，佛教當然也不能逃出這個公例。原來印度古代有婆羅門（Brāhmaṇa）教，婆羅門是梵音，譯為淨行，是事奉天神的一種宗教。他們教徒，自稱為梵天的後裔，世世拿道學為職業，操行清淨，所以稱淨行。距現今四千餘年以前，雅利安民族從中央亞細亞入居西北印度，漸漸移殖到恆河上流。這地適當溫帶、氣候清和、物產豐富，這族人逍遙快樂，感謝天帝的恩寵，就生崇拜的信念。彼等以為天空的光明，就是神靈的表現，那向日、月、星、辰、電光等各方面，虔誠禮拜，以為可以消災求福。因此有供獻的祭物、讚美的祭歌，久而久之，儀式愈繁，普通的人，未必能夠熟習，於是有專司祭祀的僧侶，另成一種階級，就叫做婆羅門。

第二章　佛教的背景和它的成立原因
第一節　佛出世前印度的思想界

婆羅門的教典

大凡原始社會的初民，沒有不敬畏天神的，并且認天神是和人類差不多，總是有人格的、有意志的。婆羅門族人的思想，也是這樣。彼等所做的祭歌，讚美天神的偉大，認人格的天神，含有道德的性質；對於下民，有行使賞善罰惡的職權。經歷年代較久，這種讚歌和祭祀儀式，自然帶有神祕的意味，因此編集成功一種教典，就是古來所傳有名的《吠陀》（*Veda*）聖典（《吠陀》譯為明智）。這種聖典有四種：第一種叫《梨俱吠陀》（*Rig-Veda*），譯它的意，是《讚誦明論》，中間所收錄的，全屬宗教的讚歌。第二種叫《沙磨吠陀》（*Sāma-Veda*），譯它的意，是《歌詠明論》，中間收錄的，屬於祭祀儀式的頌文。第三種叫《夜柔吠陀》（*Yajur-Veda*），譯它的意，是《祭祀明論》，中間收錄祭祀儀式的歌詞。以上三種《吠陀》，在祭祀天神時候，各由僧侶分別諷誦；後來又有一種，收錄世俗相傳的咒術，和供神却沒有關係，別名叫做《阿闥婆吠陀》（*Atharva-Veda*），譯它的意，是《禳災明論》。合前三種，稱為《四吠陀》。這《四吠陀》，是婆羅門形成宗教的聖典，也是印度古代的思想的淵泉。

婆羅門的神祕學風

婆羅門僧侶，因掌管祭祀的緣故，在社會方面，自然成一最高階級。因為要永久保持他們優越的地位，於是拿從來傳習的讚頌和儀式，認做一族專有的東西，把文句定得十分詳密，義理說得十分幽玄，形成一種繁瑣神祕的學風。他們處處稱天意做事，任何事件，都含着祕密意味。他族的人，對婆羅門，自然祗有尊敬，那敢和他平等呢！然而阿利安❶民族慢慢地向南方移殖，佔有印度全部，因風土的轉移，思想上也發生重大變化，這茫茫宇宙，漸漸脫離神話的範圍，要向理智去探索了，這也是人類知識發展一定的過程。所以到了《吠陀》末世，就有根據《吠陀》經典，用系統的哲理眼光，去考察宇宙大原的一種哲學產生，就梵（Brahman）的觀念，加以解釋，不認它爲人格的神，而認它是抽象的絕對原理。這原理是宇宙的本體，能够出生一切萬物，這派哲學，就是有名的優波尼沙曇（Upanisad）所創的唯心主義。然猶不過就《吠陀》思想，離開神話的領域，移到哲學的領域，沒有力量在《吠陀》思想以外，另豎一幟❷。

自然派哲學的產生

後來又有出乎《吠陀》思想以外、主張個人自由考察創立自然派哲學的：起初一派，就宇宙的具體物質，加以說明，如《地論》、《服水論》、《火論》、《風仙論》等都是。更進一步，又有一派，就宇宙的抽象觀念，加以說明，如《時論》、《方論》、《虛空論》等都是。從此各種思潮紛紛的起來，或是合流，或是衝突，派別愈多，複雜愈甚。然而對於《吠陀》思想，總不外乎傳統和改革兩派：傳統派是主張繼承《吠陀》聖典，加以解釋的；改革派是主張離開《吠陀》聖典，自由探索的。因此印度思想，就陷入混亂狀態。宗教革新機運，漸漸成熟，這是佛教第一個背景。

---

❶ "阿利安"前文爲"雅利安"。——編者註
❷ "另豎一幟"今爲"另樹一幟"。——編者註

第二節　佛出世前印度的社會

印度的四姓階級

印度的社會因人種、政治及職業的關係，自然而然造成四姓的階級，就是婆羅門（Brahmaṇa）種、剎帝利（Kṣatriya）種，吠舍（Vaiśya）種、首陀羅（Sūdra）種。婆羅門譯為淨行，前面已經說過，因為他們專門掌管祭祀，所以佔四姓中最高的位置。剎帝利譯為田主，因他為世間大地的主，就是執掌政權的王種，所以居第二位。吠舍譯為商賈，就是普通的人民，居第三位。首陀羅譯為農人，就是被阿利安民族征服的土人，專為農奴，供田主驅遣的，所以居第四位。

婆羅門種既靠着宗教的力量，保持他們的地位，又造出種種神話，說四種族姓，都從梵天降出：婆羅門是從梵天的口中生出；剎帝利是從梵天的臍中生出；吠舍是從梵天的脇間生出；首陀羅是從梵天的脚下生出。所以惟有婆羅門最為尊貴，應該居第一位。他們又想到要保持這階級制度，單靠神話，力量還不十分充足，於是又制定政教混合的《摩拏》（Manu）法典。這法典既然頒布，那麼階級的分別，格外嚴厲，四姓的中間，不但不許通婚姻往來，并且上下貴賤的種種待遇，十分不平等。

然此階級制度的不平，人心極端不能自由，那裏❶能夠永久維持下去？意志薄弱的人，在這階級壓制底下，感歎身世的不自由，多

---

❶　"那裏"，即"哪裏"。下不另註，依文逕改。——編者註

傾向那厭世思想；意志堅強的人，就對這宗教，起了懷疑，暗地裏發生反動的思想。加以婆羅門教，發達到了頂點，僧侶專橫，多有不道德的行為，處處失却人心。宗教革新的運動，更有爆發的勢力，這是佛教第二個背景。

第三節　佛教成立的原因

理智的高等宗教

　　印度思想界和社會，既有上面所說的兩種背景，這時候有大教主佛陀應運出世，拿那些混亂的思想，着手整理，叫它歸於統一，創立理智的高等宗教；又打破當時的不平等階級，拿慈悲平等的精神，來普度衆生。這種革新宗教，適應乎大多數人心的要求，無怪印度人民，沒有一個不歡迎，不久就普徧全國哩。

　　婆羅門教，是完全建築在神祕上面的，那些傳統派和改革派，又各是其是，各非其非，學理的根據，既不確實，對於人生的苦痛，又沒有真正解脫的方法，那裏能够和佛教抵抗呢！所以佛教一經成立，婆羅門教和各派哲學，都不能立足，幾幾乎❶到了銷聲匿迹地步。當時佛門中人，因為佛教，是佛陀從自己心內，實證得到的，不似婆羅門教和各派哲學，是從心外追求的，於是就稱佛教為內學，稱它教為外道。

---

❶ "幾幾乎"衍一"幾"字。——編者註

佛教的平等精神

印度的階級制度,最受壓迫、絲毫得不到自由的,就是居第四位首陀羅賤族。然而這等賤族,在四姓中間,比較的佔了大多數,那裏肯安心久受壓迫呢?不過世界上凡是受壓迫的民族,如果本族的人,自己起來號呼、要求平等,他的力量,往往是事倍功半,惟有他族的人,仗着人情公理,起來代抱不平,自然登高一呼、衆山響應,力量的宏大,不單是事半功倍,并且有意想不到的結果。佛陀的打破四姓階級,正是這個例子,原來佛陀是刹帝利王種,是次於婆羅門的貴族,貴族的人,立出來主張賤族應當平等,除了婆羅門一族外,那裏還有不贊成的呢?所以佛教不單是教理遠勝於他教,就這主張平等舉動,是應受大多數人的歡迎的。

問題

一、婆羅門教的內容如何?
二、印度哲學有幾派?
三、印度四姓階級的由來?
四、佛教如何可稱高等宗教?
五、佛陀對於階級觀如何?

第三章　釋迦牟尼的略史

第一節　釋迦成道以前的狀況

釋迦牟尼的意義

前面第一章中間所說的"佛陀",那是一種通稱,實則這創立佛教的大教主,叫做釋迦牟尼(Śākyamuni)。釋迦,是種族的名稱,譯它的意,是叫"能仁";牟尼的意思,譯為"寂默賢人",這是說釋迦種族中的寂默賢人。他的實在的姓,叫喬答摩(Gautama),譯它的意,是叫"地最勝",因為印度上古有創作《吠陀》讚頌的婆羅門,名叫瞿答摩(Gotama),就是釋迦的始祖,所以拿他的名做姓;他的實在的名,叫悉達多(Siddharthā),譯它的意,是叫"成就"。然而通常稱呼,總是叫佛陀,或叫釋迦牟尼,喬答摩・悉達多的真姓名倒不大用哩。拿中國的舊稱呼來比例,那麼"佛陀"猶如稱"聖人","釋迦牟尼"猶如稱"孔子","喬答摩・悉達多",猶如稱"孔丘",可是我們常常用得着的,就是"聖人",就是"孔子",孔丘的真姓名,也是不大用的。

第三章　釋迦牟尼的略史
第一節　釋迦成道以前的狀況

釋迦的降生

釋迦種族，聚居在中印度羅泊提（Rapti）河的東北，分成十家，各佔一小城，做小城的君主。這許多小城中間，惟迦毘羅衛（kapilavastu）城頂有勢力，城主名叫淨飯王（Suddodana），就是釋迦牟尼的父親。和迦毗羅衛城，隔河相對，有拘利（Kōli）城。兩家王族，彼此向來通婚嫁，所以淨飯王，也依着舊例，娶了拘利城主的兩女做王妃，長叫摩耶（Māyā），次叫波闍波提（Prajāpati）。摩耶夫人，到了四十五歲，方纔懷胎，他們的土俗很希奇，女子懷胎足月，必定要回到娘家去生產，可是摩耶夫人回娘家時候，到得半路，就要生產了，這地恰巧有一座別莊，叫藍毗尼（Lumbini）園，是拘利城主，替他的夫人所蓋的，摩耶夫人，就在這園中娑羅樹（Śāla）底下，產生悉達多。產生的日子，是西紀前五百六十五年四月初八日，太陽初出的時候。但是摩耶夫人生產以後，經過七天，就病死了。這悉達多太子，是他的姨母波闍波提夫人撫養成人的。

釋迦以太子出家

悉達多太子，天資聰明，七八歲時候；從婆羅門的學者，受文事教育，世間一切的學問，沒有不通曉的；又從武士學習諸般武藝，膂力也勝過別人。他做太子的時候，有一天同著諸王子出城比武，忽然有一隻大象，攔住城門，諸王子都不敢前進，他就不慌不忙，跑到門口，兩手把象舉起，向門外擲出，更飛步向前，又把象接在手中，這是何等的本領。拿世間的眼光看來，他旣是王太子，又抱著這等文武全才，眞是享盡人間的富貴，那裏還有絲毫不滿足呢？但悉達多這人，却也奇怪，他一眼看淸人間生、老、病、死的苦痛，沒有法子可以解脫，從小就是如此，把這件大事體，刻刻放在心中，要想出家。淨飯王知道了，大吃一驚，趕緊在他十六歲時候，就替他娶了耶輸陀羅（Yaśodharā）做妃子，也是拘利城主的女兒，後來生了一個兒子，叫羅睺羅（Rāhula）。淨飯王又想盡方法，在太子的宮中，陳設種種娛樂，選擇城中的許多美女，叫他們侍候太子。然而這太子毫不在意，到十九歲時，就決計出家修道。

第二節　釋迦成道的時期

釋迦先修苦行後成正覺

釋迦出家以後，就去訪問婆羅門教中的學者，想學他們的解脫的大道，先後訪過三人，初訪隱居在森林中的跋迦婆（Bhārgava），次訪阿羅邏迦蘭（Ārālah Kālāma），次訪鬱陀迦羅摩子（UdrakaRāmaputar）。這些都是仙人，大概以生前修苦行、死後生天上為解脫法門。釋迦以為死後升天，仍舊不能超出生死，對於他們這等大道不能滿足，就自己跑到東北方尼連禪河（Nirannjanna）旁邊，苦行六年，每天只吃一麻一麥，弄到身體削弱，僅存皮骨，結果仍舊一無所得。忽然明白苦行的徒勞無益，就跑到尼連禪河邊，洗洗身上多年的積垢，遇着一個牧牛的女兒，拿牛乳送給他吃，吃了以後，身體精神，漸漸恢復原狀。於是又跑到佛陀伽耶

（Buddhagaya）地方，畢波羅（Pippala）樹（就是後世所稱的菩提樹）底下，鋪吉祥草，東向跏趺而坐，端身正念，靜默思維。自己發大誓願說道："我今若不證，無上大菩提；寧可碎是身，終不起此坐。"（《方廣大莊嚴經》第八）無上，是無可再上的意思；大菩提，是大智慧。釋迦發這大誓願，是說我如今若不能證得無上的大智慧，寧可粉碎這個身體，終久坐在這處，決不起來的。下了這等大決心，思維到七七四十九天半夜，靜坐時候，忽覩明星，照破黑闇，心中豁然大悟，就成功了無上的正覺，這是十二月初八日。總計釋迦自十九歲出家，修行十二年方能成道的。如今僧寺中，於臘八日，用菜果和米，煮粥送人，叫做臘八粥；民家也多在這日煮粥，成了一種風俗，就是紀念釋迦成道日子的。

正覺的內容

這正覺的內容究覺悟的什麼呢？就是從內心的觀察，探著我們生、老、病、死的苦痛的根原，對於人生的問題，有充滿的解答，他的答案，就是下面兩件事：

一、請問人的生、老、病、死和一切的不自在，究竟從那裏來的？

就答道：這完全從煩惱來的，替這煩惱起個名詞，叫做無明，就是不明白真實的道理的意思。

二、請問用怎麼樣的方法，就可以解脫人生的一切不自在呢？

就答道：要從內心思惟的禪定功夫，得到大智慧，豁破無明，就可以得到解脫。

這就是釋迦親自證到的正覺。既然得這正覺，所以看看有生命的衆生，都是一律平等，自然要打破四姓的階級，又看這衆生，被無明所迷，長是沈淪在生死苦海中間，不得出頭，自然要抱着悲憫的心腸，起來超度衆生了。佛教的根本原理就是如此，所以是建築在理智上的偉大宗教。

第三節　釋迦的轉法輪

轉法輪的兩種意義

釋迦說法度衆生，叫做轉法輪。這轉法輪有兩種解釋：第一種解釋，法字的意思，是法律、法則，就指一切萬有的眞理基礎而言；輪字是印度古代戰爭時候，所用輪狀的武器，這武器所向無敵，如今拿來比喻佛陀所說的法，獨得眞理，一切邪說異論，都被他摧破無餘，所以叫做轉法輪。佛陀初次所說的法，方得稱轉法輪，以後就不過是重複申說罷了。第二種解釋，就謂佛陀所說的法，常常能够摧破一切邪說異論，不管先後，總叫做轉法輪，不必限定初次所說的。（見曇無懺所譯的《大般涅❶槃經》第十四）

釋迦遊化的地方

釋迦成道以後，四十五年中，遊化四方，說法度衆生，從來不曾間斷。他足跡所到的地方很多，如北方雪山脚下的迦毗羅衛城、西方的拘睒彌（Kauśambi）城、東方的贍波（Campā）城、南方的婆

---

❶ "涅"，同"涅"，下不另說。——編者註

羅捺斯（Bārānasi）城，這等國度，大都在恆河流域，釋迦都曾到過的。各城主中間，對於佛教，大都十分信仰，尤其是摩揭陀（Magadha）城的頻婆沙羅（Bimbisāra）王，舍衛（Srāvasti）城的波斯匿（Prasenajit）王、他兩人誠心誠意的保護佛教，更是無微不至。因為釋迦的信徒，一天多一天，就拿他們自己的園林住宅，供獻給佛陀做道場，有好多處。這中間頂大而有名者：一是王舍（Rājagrha）城附近的竹林精舍（Venuvana），建築在靈鷲山（原名耆闍崛山Ghridhra-kūta）中，那是摩揭陀城的長者迦蘭陀（Karanda）歸依佛教以後，在釋迦成道的年頭，拿自己的竹園供獻於佛所建立的。這精舍是印度最初建立的僧園，又叫做迦蘭陀精舍。精舍的意義，是說精進修行、息心養靜的地方。一是舍衛城的祇洹精舍（Jētavana），那是舍衛城的給孤獨（Anātapindika）長者，在釋迦成道的明年，向波斯匿王太子祇陀（Jēta）購買的園林所造的，所以又叫給孤獨園。此外國王和長者，供獻的園林殿堂極多，不必一一列舉。總之釋迦說法，在以上兩精舍時候為最多。

釋迦的出家、在家的弟子

釋迦遊行教化，在成道的第一年，已經有弟子千餘人，上自國王、貴族，下至乞丐、妓女，如果誠心棄邪歸正，沒有一個不收受的，所以弟子的數目，多至不可勝計。起初專收男人做弟子，這種團體，叫做僧伽，就是大眾的意思，後來釋迦的姨母波闍波提夫人，也出家做尼姑，因此更收受女弟子。男子出家的叫比丘，比丘二字，譯它的意是乞士。這乞字對上面說，是向佛陀乞法以治心；對下面說，是向世俗乞食以養身：含有兩種意思。出家修道的人，不准私蓄財產，專恃乞食度日的，但和乞丐不同，乞丐是只知道乞衣食，不曉得乞法的。女子出家的叫做比丘尼，尼字在梵文上是表顯女性的聲號。還有不出家而在家信奉佛教的男女，男叫優婆塞，女叫優婆夷，就是清信男、清信女的意思。出家的男女叫做出家二衆；在家的男女叫做在家二衆，總共稱為四衆。

第四節　釋迦的入涅槃

涅槃的意義

涅槃二字是梵音，譯為滅度。滅度就是消滅生死的因果，度過生死的苦海，得到解脫，永遠不再受生死苦痛的意思。我們前世造因，今世結果；今世又造因，來世又要結果；生生死死，猶如車輪旋轉，永沒有完了的。釋迦教化衆生，超出這生死苦海。他老人家自己先要留個模範，叫人可以學步，所以到八十歲時候，就表現涅槃的相貌。如今寺院裏所塑的臥佛，就是釋迦的涅槃相。

釋迦最後一次的遊行

釋迦到八十歲的高年，自己覺到教化衆生，因緣已了，因此從王舍城向拘尸那揭羅（Kuśinagara）地方，做最後一次的遊行。又率領弟子渡恆河，到摩揭陀國的毗舍離地方，剛剛碰到雨期。原來印度天氣，從四月十六日起，三個月裏，為夏季，這時候多雨，稱為雨期。佛教徒在這三個月內，禁止外出，專心坐禪修學，這種制度，叫做安居。釋迦就打算在毗舍離安居三個月再去，又因為這地方剛剛碰著荒年，隨從弟子，人數衆多，不容易得到食物，就叫大衆，各自分散，獨與阿難陀（Ānanda）在這裏安居。這時釋迦已經有病，想想許多弟子，都不在面前，不應該就入涅槃，於是自己支持以待他們。等到安居期滿，釋迦又向西行，到波婆（Pāvā）城，有金工名叫純陀（Cunda）其人，供獻旃檀樹耳，釋迦吃了，病就更重，立刻回到拘尸那揭羅的跋提河邊沙羅雙樹中間，一日一夜，說完一部《大般涅槃經》，頭向北，面向西，右脅側臥，以二月十五日入涅槃。釋迦臨滅時，囑咐阿難陀說："汝謂佛滅度後，無復覆護，失所恃耶！勿造斯觀，我成佛來，所說經戒，即是汝護，是汝所恃。"（見《長阿含·遊行經》第二後分）又告弟子："無為放逸！我以不放逸故，自致正覺；無量衆善，亦由不放逸得；一切萬物，無常存者。"（同上）這是釋迦最後的教誡，他對弟子的丁寧懇切，到如今還可以想見哩。

　　釋迦滅後，照佛家的規矩，應用火葬，名叫荼毗。這時高足弟子大迦葉，尚在靈鷲山，諸弟子大家商量，以為葬事很重大，要等迦葉到後方可舉行。經過七天，迦葉也趕到了，就行荼毗的葬禮。於是摩揭陀國人和釋迦同族的八國人，共分釋迦遺骨回去各自建造寶塔。時在西歷紀元前四百八十六年，距今二千四百二十餘年。

問題

一、釋迦何故要出家？
二、什麼叫正覺？
三、法輪的解釋如何？
四、釋迦遊行所到地方有幾處？
五、臨滅時的教誡如何？

第四章　佛教的立脚點和它的教法

第一節　佛教立脚點在乎人生的多苦觀

人生苦痛多快樂少

人們在世間，忽忽然度過一生，壽命極長的，也難得超過百年，短的就不過幾十年，極短的不過幾歲就夭折了，甚至於一出母胎就死了。不論壽長壽短，倘若拿人們從生到死幾十年中經過的日子，總算起來，還是快樂的日子多呢？還是苦痛的日子多呢？回頭一想，任何人也能回答這個問題，必定要說：苦惱的日子，總比快樂的日子多。是的，這就是人生的多苦觀。不提起也就罷了，一提起來，是人人能覺得到的。

宗教大都是解決人生問題的

癡愚的人，糊裏糊塗，虛度一生，一切不去管他，到也沒有什麼問題。至於稍微聰明的人，就要對這個人生問題，起了懷疑，懷疑的什麼？就是人為什麼要生在世間？既然生在世間，為什麼要受這種苦惱？這問題真不容易解決，凡是宗教，大都為解決這個問題

第四章　佛教的立脚點和它的教法

第一節　佛教立脚點在乎人生的多苦觀

而起的。有的說是世界最初的人，不聽上帝的話，所以有罪惡苦惱；有的說是人們做事，違背天意，所以要受罰。但這是不徹底的解決，有知識的人，決不肯相信他的話。

生老病死

人們的苦惱、實際的情狀，究竟是怎麼樣？大概不外乎生、老、病、死四大段，如今且逐段來研究一下：（1）生苦。驟然看來，生活是很快樂的，怎麼一出母胎，就苦起來呢？這是我們素來不明白的。一經說穿，就的的確確是苦的了。試想母親肚裏懷胎，胎盤是極其窄狹的，胎兒蜷曲在中間，起初就要受盡壓迫的痛苦，漸漸長大，壓迫的痛苦，也隨時加增。母親喝熱湯時候，猶如沸水澆身；喝冷水的時候，猶如寒冰著體，并且逼近腸臟、膀胱，胎兒是飽嘗膿血尿屎的臭穢，不過自己不能說罷了，這是受胎時的苦楚。至於出胎時候，突然離開溫暖的母腹，觸着周圍極冷的空氣，所以胎兒必定要大叫大哭。他的柔嫩皮膚，要拿衣物去包裹，就和尖銳東西來錐刺他一樣的痛，這時嬰兒雖不會說，然已經能哭叫了。這明明是出胎時的苦楚。出生以後，在世做人，境遇是有窮、有富，地位是有高、有低，相貌是有善、有醜，種種環境都是惹起苦痛的根原。總名叫做生苦。（2）老苦。人生從幼年到壯年、壯年到老年，光陰如箭，一去不回，看看是精力強盛的青年，曾幾何時，已入衰老的境界了。《楞嚴經》裏（卷二）描寫波斯匿王自傷衰老的一段文字，最能叫人驚心動魄，今把它錄在下面："我昔孩孺，膚腠（音湊）潤澤，年至長成，血氣充滿，而今頹齡，迫於衰耄，形色枯悴，精神昏昧，髮白面皺，逮將不久……

變化密移，我誠不覺，寒暑遷流，漸至於此。"老景催人，就在不知不覺的時間，慢慢地逼上來，真是無可奈何的事。這叫做老苦。（3）病苦。世間不論何人，有了這個肉體，總是免不了病痛的，任憑你身體如何強健。病魔一旦來臨，就要叫你呻吟痛楚，臥床不起，至於體弱多病的人，更不必說了。病的種類雖多，但最大的原因，總在身、心兩方面的不調和，如身體受寒受暑，就叫血液的循環不能優良；心中有煩惱悲哀，也能影響到血液，叫它停滯，到這時候，病魔就乘虛攻入了。講究衛生的人，比較的病痛可少些，然而總沒有一世不生病的。這叫做病苦。（4）死苦。提到死字，是人們最害怕的，然而儘管害怕，誰也不能跳出死的關頭。最有幸福的，是享得到高年，壽盡而死；其餘或是因病而死，或是遭刑戮、水、火、刀、兵而死，死路雖不是一條，歸根結柢，終是一死。死期將到，這一苦非同小可，就叫做死苦。除以上四苦外，人們的苦痛尚多，說也說不盡，姑且不贅。今要問究竟有沒有避苦得樂的方法？那麼可爽爽快快回答道：有的，佛教的大目的，就是解決這個生死大問題。這問題若能解決，一切的苦，就沒有了。要知道佛家如何能夠解決這個問題，應看下文所講的教法。

第二節　佛家的教法

自造因自受果

釋迦在菩提樹底下，靜坐思惟的結果，徹底明白人生多苦的原因，完全是人們自己造業、自己得果，和上帝並沒有相干。我們這個軀殼，就是過去世自己造作的苦因，今世結成的苦果。根本上既然是個苦果，無怪乎生、老、病、死的苦痛，沒有法子可以避免了。然而人們不曉得這個道理，今世又造下許多苦因，未來世又要結成苦果。所以生生死死，都是因果的連屬關係，聽其自然，是永沒有了期的。釋迦所成的道，就是解脫生死的法門，這法門就是斷除生死的連鎖，達到不生不滅的涅槃境界。詳細說來，有下列三種的教法：一、四諦；二、十二因緣；三、六度。

四諦

什麼叫做四諦呢？四諦是苦、集、滅、道；諦字是審察的意思，是說審察這四種道理，實實在在，是絲毫不虛的。世間一切都是苦，就是無意識的大地山河，也時時刻刻，在那裏變壞，如陵谷變遷，是我們知道的，至於有生命的人們，身心兩方面的變壞，以及環境的壓迫，最顯明的生、老、病、死苦痛，上文已經說過了。所以我們一舉一動，沒有一處不受因果支配的。觀察這等道理，實在不虛，就叫苦諦。既然知道這苦果，就要研究結成這果的原因。這原因是什麼？就是過去世的惑和業。什麼叫惑？惑就是煩惱，分別說來，就是貪、瞋、癡。人們對於飲食、男女、名利，沒有不貪的；然而雖有貪欲，未必盡如我們的意，有求便得，遇到求不得的時候，就要發瞋了，這瞋怒最足以害事的；切實說來，所以要貪要瞋，無非是不了解我身、我心以及世界都是變幻無常的，迷誤了這個真理，自己去找尋煩惱，這不是十分的癡愚嗎！就叫做癡。貪、瞋、癡三種是人們一出生就帶來的，所以叫根本煩惱，也叫三毒，也叫做惑。這惑不除，就要發現於身、口、意方面而造成三業。譬如人們為貪得財貨，最初必先起意，叫做意業；起意取這財貨，就要進行，或是出之於口，向人請求，叫做口業；出口請求，尚不得到手，更要用別種方法，甚至用不正當的手段去偷盜，叫做身業。這是單就惡業而言，其實從身、口、意方面發現的善事，也叫做業，然而沒有貪、瞋、癡的三毒來幫助它，這身、口、意三業，是不會自己發動的。聚集這種惑和業，就是造成今世苦果的原因。觀察這種道理，實在不虛，就是集諦。明白了惑和業，集成苦果的道理，就要想法滅却這種苦痛，進入究竟安穩的涅槃境界。觀察這種境界，真實不虛，就是滅諦。要到達這涅槃境界，必須修道方可。道有八種，也叫做八正道：一正見，二正思惟，三正語，四正業，五正命，六正精進，七正念，八正定。確實見到四諦的真理，就是正見；思量推求四諦的真理，就是正思惟；一切妄言惡語，不出於口，就是正語；離開殺生、偷盜、邪淫等惡行，就是正業；人們必求生活，以養他的命，然應該做正當的職業，不宜用邪術騙取金錢，就是正命；既知修道，不可懶惰，必須勉勵努力，向前進行，就是正精進；不論行、住、坐、臥，念茲在茲，常注意在正道，不起邪念，就是正念；修道最緊要的功夫，要入禪定，就是正定。觀察這種修道功夫，真實不虛，就是道諦。佛弟子中間，有親自聽見佛說四諦的道理、修行成就的人，就叫聲聞；聲聞修成的果，叫做阿羅漢。阿羅漢是梵音，阿字譯為不，羅漢譯為生，是說他修成這果，永不再生這惡濁世界哩。

十二因緣

什麼叫十二因緣呢？如今拿因緣的意義，先弄明白，再來研究這十二個名詞。原來釋迦在成道時候，靜坐思惟，所得到的最精、最確的道理，就是宇宙間不論有生命和無生命的東西，都是內因外緣，湊合成功，並沒有上帝在後面做主宰。這些東西的本身，也沒有永久不變的我體，無非是因緣湊合就生，因緣分散就滅，生生滅滅，相續無窮，就是宇宙萬有的總相。我們隨便舉一件東西來說，都可證明這因緣的理。如飲茶的茶杯，怎麼樣成功的？就是泥土做它的因，人工、水、火，做它的緣，因緣一朝湊合，就做成茶杯。倘若有因沒有緣，或有緣沒有因，這茶杯是永久做不成的。茶杯使用久了，或一朝失手墮地就因緣分散而歸於破滅。不論什麼東西，都可用這因緣的方式去解釋。無生命的東西，固然如此，就是有生命的人們，也是因緣湊合成功的。這十二因緣，就是拿人們從投入母胎以至出生到老死，分作十二段去觀察，也可說是佛家的人生觀，也就是拿苦、集二諦，來詳細說個明白。這十二個名詞是什麼？列在下面：（1）無明，（2）行，（3）識，（4）名色，（5）六入，（6）觸，（7）受，（8）愛，（9）取，（10）有，（11）生，（12）老死。無明，是不明白眞理，就是癡，也叫做惑。行，是身、口、意三方面的造作，有時作善事，有時作惡事，有時作不善不惡的事，也叫做業。上文說集諦時候，不曾提及過去世的惑和業，是造成今世苦果的原因嗎？可知無明和行，是拿集諦分開詳說，是人們過去世所造的二因。識，是心上的分別作用，凡是有生命的人，他的肉體儘管死滅，他的心識，却是不滅，又會去投胎的。拿現在通行的話來講，這心識，彷彿是像靈魂，靈魂被過去世的惑業所驅迫，碰到父母交合時候，就會去投胎。所以人們是識為因，父母為緣，因緣湊合而成人的。名色二字，名就是指心說，色就是指身說，為什麼不叫身心，要另起這名色的名詞呢？是因為投胎以後，精神和物質，慢慢地結合，長成胎兒，這時心識既極其闇昧，形體也沒有完全，所以不叫身心，叫做名色，明明是身心沒有完全的稱呼。六入，就是眼、耳、鼻、舌、身、意的六根。人們眼能看見色彩，耳能聽見聲音，鼻能齅著香臭，舌能著着滋味，身體能覺得痛癢等感觸，心意能考想一切事事物物，這叫做六根。胎兒在母腹中幾個月，慢慢地長成這六根，稍微能夠有點感入，但是作用並沒有完全，所以另起個名詞，叫做六入。觸，就是感覺，是指出胎以後至兩三歲的嬰兒，能接觸外境，起極簡單的知覺，不能分別孰是苦？孰是樂？並不起愛憎的感情，所以單叫做觸。受，是指四五歲至十四五歲時候，心識逐漸發達，能領受環境，起飲食玩具等希望，遇順境就曉得快樂，遇逆境就曉得苦痛，隨時起愛憎的感情，所以叫做受。從識至受共五段，是拿苦諦來分別詳說，是人們現在世所結的五果。愛，是十六七歲時候，貪戀財貨女色，生種種的欲望，貪戀不已，執著在心，不肯放捨，所以叫做愛。取，比愛更進一步，是成人以後，貪愛的心增長，必定取得到手，方能滿他的欲望，於是廣造身、口、意三業，這叫做取。有，是現在世既然造業，必定又有將來的苦果，所以叫做有。愛和取是現在世的惑，有是現在世的業，和過去世的無明、行，是一樣的，也是拿集諦來分別詳說，這是現在世所造的三因。生，是說既有現在世所造的因，那麼未來世又免不了要去投胎的，這叫做生。老死是說未來世既然投胎受生，又免不了要死滅的，這叫老死。生和老死，也是拿苦諦來分別詳說，這是未來世的兩果。這十二因緣，通過去、現在、未來三世，從過去的兩因，生現在的五果，又從現在的三因，生未來的兩果。我們生生死死，輪轉不已，叫做輪迴，根本不外乎惑和業為因，造成生死的苦果。釋迦說明這等人生觀，真能抉出生死的大原，不是他種宗教，所能及得到的。今再以表明之如下：

這十二因緣，就是詳細說明苦、集二諦，看上文便可明白。人的一生，無非是內因外緣湊合而生，了無實實在在的我，這因緣的最初一念，是無明。可知若能滅除無明，其餘的緣，也必隨之而滅，這生死的連鎖，不怕它不斷了，就是滅諦。既知道無明可滅，必須用真實的智慧，觀察這十二因緣，努力修道，方可滅除無明，了脫生死，達到涅槃，就是道諦。佛弟子中間，有比較聲聞聰明的人，不必親聽佛說，獨自觀察十二因緣的理，也能修行成功的，這叫做緣覺；他修成的果，叫做辟支佛。辟支的梵音，舊譯為因緣，新譯為獨，佛是覺義，辟支佛，就是緣覺，也就是獨覺。

六度

什麼叫做六度呢？六度的梵音叫六波羅密，波羅二字，譯為彼岸；密字，譯為到；是說修這六種法門，可從生死大海的此岸，度到涅槃的彼岸，所以叫做六度。六度的名詞如下：（1）布施，（2）持戒，（3）忍辱，（4）精進，（5）禪定，（6）般若。這六度是菩薩所修的，菩薩的梵語，是菩提薩埵（音朵）。菩提，是智慧，薩埵，是衆生，是說他拿智慧去上求佛道，拿慈悲來下救衆生，簡單稱呼，就叫菩薩。前面聲聞緣覺兩種人，祇曉得度自己，不曉得度衆生，局量狹小，所以叫小乘。菩薩修行，看衆生和自己一樣，要先度衆生，後度自己，局量廣大，所以叫大乘。正惟菩薩的修行，不單為自己，所以第一就是布施。布施有兩種：一是財施，是拿衣服、飲食等和生活所需要的一切東西，隨着自己力量，施送於他人；二是法施，是拿自己從諸佛及善友處聽得的法門，以清淨的心腸，轉為他人詳說，並不希望報酬的；這兩種總叫布施。其次是持戒，持戒是防止身、口、意的惡業的。戒的根本有五種：不殺、不盜、不淫、不妄語、不飲酒就是。次是忍辱，忍辱有二種：一是生忍，是菩薩對於同類的人而發的，如有人對他恭敬供養的時候，菩薩絲毫不生驕怠心，有人對他瞋罵打害的時候，菩薩絲毫不生怨恨心；二是法忍，是菩薩對於不同類的自然大法而發的，如遇着大冷、大熱、大風、大雨的時候，又如遇飢餓口渴的時候，平常的人，必定要苦惱憂愁，不能忍耐，菩薩就能安然忍受，絲毫不起憂惱：這兩種總叫忍辱。次是精進，精進有二種：一是身精進，勤修善法，或禮拜，或誦經，或對人講說，無論什麼時候，自身一點不肯懈惰；二是心精進，勤行善道，心心相續，自心一點不敢放逸；這兩種總叫精進。次是禪定，禪定是掃除一切妄念，專心注定一個正念，這是佛家最重要的功夫。最後是般若，般若是梵語，譯為智慧，這智慧是從禪定功夫很深時候，纔發生的。通曉一切諸法

（佛經中凡一切事事物物，均稱為法）叫做智，斷惑證理叫做慧，決不是平常所說的聰明智慧可比，所以獨用般若的譯名，叫人知道和平常智慧，大有分別。這六度就是四諦中的道諦，不過更加積極的利他善行，和聲聞、緣覺，祇曉得自利的，廣狹不同罷了。佛弟子中間，修這六度得到大涅槃果的，就叫菩薩。

問題

一、佛教的立脚點在什麼地方？
二、生、老、病、死的苦痛，有解除的方法麼？
三、因果是誰造誰受？
四、怎樣叫聲聞？
五、怎樣叫緣覺？
六、菩薩是怎樣修成的？

第五章　釋迦滅度以後弟子結集遺教

第一節　第一次結集

釋迦在世說法四十九年，都是以身作則，拿他的修證功夫，隨時指導徒眾，從沒有寫出一言一句的文字。到釋迦滅度以後，大迦葉（Mahākāśyapa）代佛統率大眾，有一癡比丘說道："釋迦在世時候，常常要拿戒律來約束我們，說某事應該做的，某事不應該做的，我們極不自由，今後可以為所欲為了。"這句話被大迦葉聽見了，以為釋迦滅後，不可不拿他老人家的遺教，制為成典，庶幾可永永做教徒的指導。於是就在佛滅後的第四月安居期內，選學德並高的比丘五百人，到王舍城附近的畢波羅窟（Pippala）裏面，從事第一次的結集。王舍城是摩揭陀國的首都，這國度裏的阿闍世（Ajātaśatra）王，本來是佛教的信徒，聽見這事，大為贊成，供給他們一切飲食臥具等，予以種種的便利，因此這五百人，得以安心從事結集工作，經過七個月，這事方纔完畢。

經藏和律藏的結集

結集的本意，實在就是會誦，為的是佛滅以後，恐有異見邪說，混亂佛法，所以結合有學有德的比丘，各自背誦釋迦佛在世時所說的法，經過大家討論決定，然後集成為經典，所以叫結集。當時結集的儀式很嚴重，大迦葉升坐上座。因為阿難陀（Ānanda）在佛門中，素有博學多聞的盛名，由他誦出經藏。上座對他誦出的文句，發為種種問難，阿難陀一一回答，詳記這經佛在什麼時候、什麼地方對於什麼人所說的，並且佛說這法的時候，隨從的徒眾有多少，也一一記出，大家聽了，公認為沒有錯誤，然後定為佛說。其次優波離（Upali）在佛門中，以嚴守戒律著名，由他誦出律藏。上座對他誦出的文句，也一一發問，他也一一回答，和阿難陀一樣，大家聽了，公認為沒有錯誤，然後定為佛制。

對於這第一次結集，後人有種種異說，大都以為既有兩人，一誦出經藏，一誦出律藏，那麼一定還有論藏，這論藏是誰誦的呢？於是有的說是迦葉自己誦的，有的說是阿難陀誦的。其實經、律、論三藏的名稱，是後人所加。經是實際修行的法門，律是止惡修善的規律，論是對佛教的解釋研究，當第一次結集佛教時候，當然祇有法（經藏）和律（律藏），至於解釋研究，一定出後人的手，因而有三藏的名稱，所以當時未必有論藏，實是毫無疑義的。

《四阿含經》及其內容

阿難誦出的什麼經呢？大概就是今日所傳的四種《阿含經》。阿含是梵音，譯為無比法，就是說沒有可以比類的妙法。四阿含的名詞列於下：

（1）《長阿含經》；（2）《中阿含經》；（3）《增一阿含經》；（4）《雜阿含經》。

這四種經是釋迦初成道時候所說：《長阿含》是破斥婆羅門教的邪見；《增一阿含》是說明人們修世間的種種善事，造下了善因，來世能投生人道或天道而受善的報果；《中阿含》是進一步說人們能修出世間的善因，來世就能超出生死大海，而得涅槃妙果；《雜阿含》是說明世間的禪定（禪定有世間禪、出世間禪的分別；佛教的禪定，是出世間禪）和佛教涅槃有關係的。

《八十誦律》為戒律的根本

優波離誦出的是什麼律呢？就是《八十誦律》。因為他在九十日的中間，每日升座誦一次，逐日誦出幾多戒條，經過八十次而完畢，所以名《八十誦律》是為佛門一切戒律的根本。後人從這根本律，推演而成《四分律》、《五分律》等，這些律本流行，《八十誦律》就不復存在了。

第二節　第二次結集

戒律的十條爭議

釋迦滅度後一百餘年，有毘舍離（Vaiśāli）城的七百比丘結集，通常稱為第二次的結集。這次結集，和前面第一次、後面第三四次的結集，性質全然不同，單為戒律上的十條諍議，四方聖眾，會合在毘舍離城，裁判這事，與會的人數有七百，所以也稱七百集法。

毗舍離城的北方，有跋耆（Vajji）城，這兩城中的僧侶，往往違背佛的戒律，於每月八日、十四日、十五日，盛水滿鉢中，持向人多的地方，指鉢水對衆說道："有投錢這水中的人，可得到吉祥。"經過的白衣男女，有聽信這話而投錢的，也有怪出家人不應貪取金錢的。這時有長老耶舍（Yaśas）巡遊至此，以為佛的戒律，出家人不應受蓄金錢，如今兩城比丘，公然違背，大不以為然，因向在家、出家兩衆雙方勸告道："出家人應遵守佛戒，不該受蓄金錢；在家人也應遵守佛戒，不可拿金錢布施。否則受的人，施的人，都有罪過。"多數僧侶，不但不肯聽耶舍的話，反怨恨耶舍，在俗人面前，誹謗出家人，并且彼等違背戒律，尚不止這一事，總計有十種非法行為，今依《五分律》舉其名稱如下：

一、鹽薑合共宿淨；

二、兩指抄食淨；

三、復坐食淨；

四、越聚落食淨；

五、酥油蜜石蜜和酪淨；

六、飲闍樓伽酒淨；

七、作坐具隨意大小淨；

八、習先所習淨；

九、求聽淨；

十、受蓄金銀錢淨。

淨字是清淨的意思，上面十事，依照佛的戒律，是不清淨、不應該做的，但毗舍離和跋耆兩城的比丘，他們以為是清淨，可以行的。照佛戒，比丘托鉢求食以維持生命，倘若所乞的食，不能吃完，有所賸餘，就應該轉施他人，不應貯食過夜，是名餘食法。如今這班比丘，以為拿鹽和薑合共的物，就可留宿至明天再食，叫鹽薑合共宿淨，這為非法的第一件事。佛的戒律，過午刻就不許進食，是謂非時食戒，這班比丘，以為剛剛過午，日影偏斜，僅到兩指並列的長度，還可以吃的，叫兩指抄食淨。指抄或者就是指尖的意義，這為非法的第二件事。佛戒，一次吃後，不得再吃第二次，這班比丘，以為再坐下去吃一次，也是不妨，叫做復坐食淨，這是非法的第三件事。佛戒，吃過飯以後，或出外到村落地方，人家又來供食，就應該照餘食法，轉施他人，這班比丘，以為人家既然供食，不妨再吃，叫做越聚落食淨，這是非法的第四件事。乾結的牛奶油，叫酥油蜜；白沙糖凝結成塊如石的，叫石蜜。午後食物，既犯非時食戒，這班比丘，以為拿酥油蜜、石蜜和入乾牛奶（酪）做飲料，是飲而不是食，不算犯戒，叫酥油蜜、石蜜和酪淨。其實酥油乾酪，明明是食物，這是非法的第五件事。佛戒，不許飲酒，這班比丘，以為釀而未熟的酒，可以飲用，不算犯戒，叫做飲闍樓伽酒淨。闍樓伽，梵音，就是酒釀，明明是酒，那裏可算不犯戒呢？這是非法的第六件事。佛制，製作座具，大小有一定的尺寸，這班比丘，以為何必限定尺寸，可隨我們的意思，製作座具，叫做作座具隨意大小淨，這是非法的第七件事。佛制，既出家後，應該捨棄從前在家時候所學習的事，這班比丘，以為在家時候已經學習過的事，不妨再做，叫做習先所習淨，這是非法的第八件事。佛制，凡一切儀式作法，當隨僧衆全體，共同行之，這班比丘，以為不妨在另一地方，單獨行這儀式，然後請求僧衆的允許，叫做求聽淨，這是非法的第九件事。佛制，不許受蓄金錢，這班比丘，以為不妨受蓄，叫做受蓄金銀錢淨，這是非法的第十件事。

耶舍眼見這班比丘違法，於佛教前途，關係甚大，於是奔走西方各地，歷訪當時的大德。同赴毘舍離城，以裁判這十事的是非。毘舍離、跋耆兩城的僧侶，也結合同黨以相抵抗。於是分為東、西兩黨：西黨是耶舍一方面的長老，東黨是兩城的僧侶。兩黨各舉代表四人，開會討論，結果斷定這十事為非法，以為東黨的行為，違背佛制，應加擯斥。然東黨多少年進取一派，人數較眾，於是別成一團體，得名為大眾部；西黨承佛的正統，其中多是高年碩德，得名為上座部。這是第二結集的情形，也是根本佛教分裂為兩派的開始。

第三節　第三次結集

阿育王時佛教的隆盛

釋迦滅度後二百餘年，中印度有統一全印、武功文治、震耀一世的阿育王（Aśoka）出世（西紀前二六四～二二六在位），他對於佛教，異常信仰，不但保護本土的佛教，并且派遣傳教徒，到別國去宣揚正法，所以佛教到阿育王時代，隆盛無比。阿育王因信佛的原故，對於佛教徒的供養，十分豐富，一般外道，形勢窮促，衣食不得周全，於是改換僧服，混進佛教徒裏面，一方可以得到衣食，一方暗中仍舊拿外道的教義，運用破壞工作，於是佛教乃陷入混亂狀態。王在摩揭陀國所造的雞園大寺中，僧侶最多，因內道、外道兩派在裏面紛諍，彼此不和，致使最重要的說戒儀式，也不能舉行。這儀式停止有七個年頭的長久，太不像樣了。王聽見了,大不以為然,要想辯別邪正,淘汰這班外道,於是發起第三次的結集。《善見律》卷二載這一段故事云:"王白諸大德,願大德布薩(這是梵語,佛制,每半個月逢十五日或月小二十九日、月大三十日,召集眾僧說戒經,叫做布薩)說戒,王遣人防衛眾僧,王還入城。王去以後,眾僧即集眾六萬比丘,於集眾中,目犍連子帝須(Moggaliputa)為上座,能破外道邪見徒眾,眾中選擇知三藏得三達智(三達智,指天眼通、宿命通、漏盡通而言,天眼通能曉得未來的生死因果;宿命通能曉得過去的生死因果;漏盡通能斷盡現在的煩惱。三種智慧到得究竟,叫做三達智)者一千比丘,一切佛法中清淨無垢。第三集法藏,九月日竟,名為第三集。"看這段文字,就知道阿育王發起第三次結集,他的最大目的,是要淘汰這許多外道,叫佛法回復從前的清淨,不致混亂。王一面遣人防衛眾僧,一面請眾僧所佩服的目犍連子帝須出來,主持這件大事(上座);又就眾僧中間,選擇知見純正、能破外道邪見的人,這等人并且還要通曉經、律、論三藏,得過三種神通的,其數目多至一千比丘,在波吒利弗城,做第三次結集工作,經過九個月,方纔完畢。聚集這等學德兼備的人,來整理經典,自然比較第一、第二兩次結集,更為完美,所以經、律、論三藏,到這次方纔完備的。

這次不但結集經典,并做傳教的工作,所以結集既畢,就於諸長老中,選擇多人,派至四方,做宣教師,這等宣教師,足跡徧於五印度,并且遠至錫蘭緬甸。到如今錫蘭等地方,佛教還是盛行,都是阿育王開創的功勞。

第四節　第四次結集

迦膩色迦王的提倡佛教

當西歷第二世紀時候，有大月氏種族的迦膩色迦王（Kaniṣka）（西紀一二五～一五〇在位）率兵從西方侵入印度，並且吞滅四鄰，建立犍馱羅（Gāndhāra）王國，文治武功，和從前的阿育王，不相上下。王的兵力強盛，更進攻東印度，威脅文明中心的摩揭陀國，這國度裏的國王，自知力量不敵，就供獻佛鉢和馬鳴菩薩（Aśvaghōṣa），要求講和。佛鉢就是釋迦在世時所用的鉢，佛教徒尊它為至寶，凡傳得這鉢的，就為傳佛正統的證據；馬鳴菩薩，是中印度的大師，道高德重，衆望所歸。這一種寶物和一個高人，都是迦膩色迦王所極希望得到的，所以兩方和約，就此成功。王對於佛教，既非常熱心，然這時候距釋迦滅度，已四百多年，學者中間，各自傳述的學說極其紛歧，莫衷一是。王在政事的餘暇，每日請一僧，進宮說法，然各僧所說的話，人人不同，王十分疑惑，因向脇尊者（梵名波栗濕縛Pārśvà）請問，究竟孰是孰非？尊者答云："釋迦滅度至今，歲月遙遠，各宗師弟相承，各守自家宗派，實在無從定他們的是非。要在王喜歡那一宗，就趁這時，依照自己的宗，來結集三藏。"王以他說為然，因此發起第四次的結集。精選學德並高的僧侶，先得四百九十九人，最後得到世友（梵名婆須蜜Vasumitra）尊者，以為上座。王因迦濕彌羅國（Kaśmira舊稱罽賓）四圍都是山，物產又豐富，足以供養僧衆，於是王親領五百人，到這地方，建立寺廟，使這五百人，在其中做結集的工作。這次結集，是以解釋三藏為主旨，所釋的經藏、律藏、論藏，各有十萬頌（印度文體，往往用三字句、四字句、五字句、六字句、七字句的韻語，以便記誦，凡滿四句，即叫一頌）。總計三十萬頌，合有九百六十萬言，如今流傳的《大毘婆沙論》，就是這次結集時所做的。結集既完，王就取赤銅椎鍊成片，以為鍱，拿這論文，鏤刻在上面，再用石函緘封，造一寶塔，將石函藏在中間，不令流傳於外國，如要習這論的人，當來這地求學，方許受業。

第四次結集的兩點不同

這次結集，和從前結集，有兩點不同：（1）脇尊者是小乘說一切有部（小乘分裂有二十部，詳後，這是一部的名稱）的學者，迦膩色迦王，也是信仰有部的人，所以這次結集，是用有部的學風，來整理三藏，尅實說來，是有部一宗的結集。（2）這時結集，重在解釋三藏的義理，和從前專門搜集佛的遺教，也是不同。

第五節　大乘經典的結集

大乘經典的由來

以上所說，四次結集，都是小乘經典；至於大乘經典的結集，傳說種種不同，沒有真確的史料，可供考證，因此後世就有大乘經不是佛說的議論。其實大乘教的發展，那是思想演進的自然趨勢，決不能說它不是佛說。怎麼講呢？大凡一種宗教，或一種學說，流傳既久，中間自然要分出保守和進步兩派：當第二次結集時，為十事非法的諍論，就可以看出當時年德俱高的長老，要墨守佛在世時所定的戒律，以為稍有違異，就是非法；至於青年進取的毘舍離、跋耆兩城比丘，就以為稍微變通，沒有妨礙；結果就脫離這般保守派，而自成一團體，邇時就分裂為上座、大衆兩部。從這以後，進取派不但是戒律上有所變通，學理上也有討論研究，隨着時勢進步。當西曆第二世紀時，向來為佛教壓倒的婆羅門教，從學理上進展，重復振興。至第四世紀時，彼教有組織的教義，就此大成。墨守嚴肅戒律的小乘教，不足和它為敵。這時由大衆部演進的大乘教，也就因此勃興。蓋釋迦在世說法時，本無所謂小、大乘的分別，大乘的教義，早已包含在內，大衆部分裂後，百餘年中，思想漸漸進展，和婆羅門教一經接觸，受了時代的影響，大乘教就此成熟，那是自然的結果，不足為奇的。

至於大乘經典的結集，雖然沒有歷史的證據，然經論中，却有數處，可以引為佐證的。《菩薩處胎經出經品》云："爾時佛取滅度，已經七日七夜，時大迦葉告五百阿羅漢，打揵槌（即是鐘）集衆，得八億四千羅漢，使阿難昇七寶高座，迦葉告阿難言：佛所說法，一言一字，汝慎勿使有缺漏；菩薩藏者集著一處，聲聞藏者亦集著一處，戒律藏者亦集著一處。"這經中所說菩薩藏，就是大乘經；聲聞藏，就是小乘經。照此看來，是第一次結集，早有大乘經典了。又《大智度論》卷一百有云："佛般也入涅槃後，阿難共大迦葉結集三藏……有人言，如摩訶也大迦葉，將諸比丘，在耆闍崛山中集三藏，佛滅度後，文殊師利彌勒諸大菩薩，亦將阿難集，是摩訶衍。"這段文字，前段說阿難共大迦葉，結集三藏，和

《處胎經》所說相同；後段復引一說，那是文殊彌勒等和阿難專門結集大乘經的。摩訶梵音譯為大，衍字譯為乘，是明明大乘經典，在佛滅度後，早就結集，而且不止一次，有時阿難和大迦葉合作，是兼集三藏，有時阿難和文殊彌勒合作，是專集大乘經的。

第六節　祕密經典的結集

顯教密教的分別

佛教有顯教、密教兩大部分，相傳顯教用顯露的言語文字，是釋迦牟尼佛所說；密教用祕密的咒語，是大日如來佛所說。這項祕密經典，是什麼時候、什麼人所結集，也沒有確實史料可以證明，有的說是阿難結集，有的說是金剛手菩薩（卽金剛薩埵Vajrasattva）結集。《大乘理趣六波羅蜜多經》卷一有云："復次慈氏（卽彌勒）云何名為第三法寶？所謂過去無量殑伽沙（殑讀琴去聲，殑伽（Gaṅgā）卽恆河，殑伽沙，卽恆河中的沙，喻數目的多）。諸佛世尊所說正法，我今亦當作如是說，所謂八萬四千諸法妙蘊……攝為五分：一素呾纜（卽經藏），二毘奈耶（卽律藏），三阿毘達磨（卽論藏），四般若波羅蜜多（般若譯為智慧，波羅譯為彼岸，蜜多譯為度，這是說用眞實智慧，超脫生死大海，達到彼岸的意思。凡般若諸經都說這理），五陀羅尼門（陀羅尼，譯為總持，卽祕教所持的咒語）。此五種藏，教化有情（指有生命的衆生），隨所應度而為說之（隨衆生的程度高下，於五藏中應該用何種法，就替他說何種法）。……復次：慈氏，我滅度後，令阿難陀受持所說素呾纘藏，其鄔波離(就是誦出戒律的優波離)受持所說毘奈耶藏，迦多衍那（就是迦旃延Kātyāyana）受持所說阿毘達磨藏，曼殊室利（就是文殊師利Mañjuśri）受持所說大乘般若波羅蜜多，其金剛手菩薩（密教中手執金剛杖的菩薩）受持所說甚深微妙諸總持門。"看上面的經文，可知釋迦在世的時候，早和彌勒菩薩，說及過去世無量數諸佛所說的正法數目多到八萬四千，大概包括起來，可分做五部分，這五部分，就叫五種藏，就眾生的程度，應該用那一種，就用那種來替他們說，并且釋迦在世時，早就他的弟子中間，選擇那人能明瞭佛所說的那種藏，就叫他受持（受持是受之於佛，誦持不忘的意思）。預備佛滅度後，叫他們如法誦出，如阿難以多聞著名，就受持經藏；鄔波離以守戒著名，就受持律藏。第一次結集時，就是他們兩人分別誦出經、律二藏的。迦多衍那在佛門中以論議著名，就受持論藏；曼殊室利在佛門中以智慧著名，就受持大乘般若；金剛手是傳受密教的，就受持諸總持門。可見祕密經典，當和金剛手菩薩有關係，未必和阿難有關係，但是結集的時代，和結集地方，那無從查考的了。

問題

一、什麼叫經藏、律藏？

二、《四阿含經》的內容如何？

三、什麼是戒律的根本？

四、第二次結集的性質如何？

五、根本佛教如何分裂為二部？

六、第三次結集的內容如何？

七、經、律、論三藏什麼時候方完備？

八、第四次結集的內容如何？

九、大乘教怎樣演成？

十、密教和顯教不同的地方？

十一、結集密教是何人？

第六章　佛教在印度的盛衰

第一節　小乘佛教的分裂

根本分裂與枝末分裂

釋迦滅後百餘年，第二次結集時候，佛教徒已分保守、進取兩派，保守派叫上座部，進取派叫大眾部，前文已經說過。等到釋迦滅後二百餘年，當阿育王時，有高僧大天（梵語摩訶提婆 Mahā-dēva）出世，對於自來戒律的嚴肅主義，教義的墨守主義，以為和時代不相容，應該提倡自由寬大的學風，於是倡種種異說，自為新派的領袖。舊派各僧，大不謂然。兩派從此在雞園寺（阿育王所建）鬥諍不息。阿育王親往雞園替他們調和，然而兩派各持己見，不肯相下，王也沒有辦法。大天就說道："戒經中所載滅諍的方法，應該依多數人的意見。當時舊派的僧徒，年高者多而人數却少，大天的僧徒，年高者少而人數特多。王就依大天的說話取決，新派當然佔勝利，從此上座、大眾就顯然分做兩部。"（以上節錄《大毘婆沙論》一九八卷）這是佛教最初的分派，叫做根本分裂。佛教既分裂為兩部，然這兩部中間，解釋教義的方面，意見又各有不同，於是分派中又復分派，分出的數目，竟多到二十部，也是奇觀，這叫做枝末分裂。如今列表在下面：

以上分部的名稱，有因所標的教義而得名的，如說一切有、一說、說出世等部是。有因倡立的人而得名的，如化地、法藏、飲光等部是。有因住處而得名的，如雪山、西山住、北山住等部是。

第二節　大乘佛教的發展

主智的大乘教和主情的大乘教

當西曆第四世紀時候,婆羅門的重興機會成熟,它的哲學思想,非常豐富,佛教徒則自進取的大眾部成立以來,思想隨時代而進展,早已含有大乘的分子,到這時和婆羅門教接觸,就樹起大乘教的旗幟,與之對抗。大眾部的根據地,在印度的南部,故主張思辯、專重自力修行的大乘教,也發源在這地,這可稱為主智的大乘教;又一方面印度北方和波斯、希臘諸國交通,受回、耶二教的影響,所以又有主張禮拜祈禱、倚靠他力修行的大乘教,在這地發生,這可謂主情的大乘教。大字是範圍廣大的意思,乘字是運載的意思,就是說運載眾生,度脫生死苦海,它的教義和修行的因果,都比小乘來得大些。

馬鳴菩薩最初發表大乘思想

最初發表大乘思想的人,當推西曆第一世紀時的馬鳴菩薩(梵意阿濕縛窶沙Aśvaghōsa)。彼曾著《大乘起信論》,這部論後世有疑為中國人所偽造的,異論紛紛,到如今沒有決定,我們可不必過問,但是第一提倡大乘教的人,却就是他。他本來在中天竺摩揭陀國,弘通佛法,後來迦膩色迦王,領兵來伐這國時,就携馬鳴俱歸。他的辯才說法,不但能够感動人類,就是白馬聽了,也要悲鳴，所以號為馬鳴菩薩。《摩訶摩耶經》卷下云："佛涅槃後，六百歲已，九十六種諸外道等，邪見競興，破滅佛法，有一比丘，名曰馬鳴，善說法要，降伏一切諸外道輩。"這也是說馬鳴能够降伏一切外道，重興佛教的事實。

龍樹菩薩完成大乘教

然而馬鳴不過提倡大乘的第一人，爾時大乘還未能自成一系統。至於有組織的大乘教，是在西曆第二世紀，龍樹菩薩（梵語那伽阿周陀那Nāgārjuna）出世，方纔完全成立的。龍樹生在南印度婆羅門家，自幼於婆羅門的經典，無所不通，及長，更通天文地理及一切技藝。後來歸依佛法出家，數月之中，盡誦三藏，復到雪山，遇着一個老比丘，授以大乘經典。照《付法藏傳》卷五所說："迦毘摩羅（Kapimala）初為外道，屈服於馬鳴的談論，就做他的弟子，在南印度布法，後來付法於龍樹。"這個老比丘，或者就是迦毘摩羅，那麼龍樹是馬鳴的再傳弟子了。龍樹既得大乘經典，自己思量著，佛經這樣精妙，其中未發明的道理很多，於是有革新佛教的志願，後來更做許多大乘論，最著名的就是《中論》，從此彼在南印度，竭力宣揚大乘教義。

破邪顯正

龍樹的大乘教義，就在破邪、顯正兩方面。他最為盡力的是破邪，因為當時印度所行的婆羅門教，各持一種哲理，甲立論，乙反駁，是非紛紛，莫能一定，龍樹則以為真理不是我們有限的知識所能確認，倘若拿有限的相對知識，去討論無限的絕對真境，無論說得怎樣精妙，總是妄想，故大乘的唯一手段，要在先除去自己的妄想，妄想果然除掉，真理自然顯現。經龍樹這樣一喝，拿當時所流行的宗教哲學，一掃而空，這是他的破邪手段。妄想既除，真理自現，所以破邪也就是顯正。於此可分三層說明：第一，客觀世界的現象，全屬虛妄的幻影，了無實在。我們祇要看宇宙萬象，無一不是生生滅滅，變幻無常的，就可證明這理。第二，和這客觀世界相對的，就是主觀的心象，這心象也是前念去、後念來，念念生滅不已，全屬妄想。世人偏要用自己的妄想，去分別客觀的現象，孰為彼，孰為此，這不過是虛妄中更添虛妄，和夢中說夢，沒有兩樣。第三，既知道主觀的心象、客觀的現象，都是空的，了無實在，惟有自己除去妄念妄想，方能夠超出有限的分別，認識無限的真理，達到和宇宙實體冥然符合的境界。所以龍樹的顯正方面，是先明客觀的空，次明主觀的空，歸到一切皆空。這空境正是離開妄念的境界，不是完全沒有，正如雲散而見無限的天空相彷彿。

現象界的空和絕對界的空

總之，龍樹所說的空，有兩種意義：一是現象界的空，是說妄念妄想的主觀和虛妄顯現的客觀，全是幻影，空無所有。二是絕對界的空，是說超越我們思慮以上，不可拿言語說明也不可拿文字寫出的真實境界，因為是不可思慮、不可言說的，姑且也叫做空。這是和現象界的了無所有的空，意義全別，這絕對的真境，佛家名為真如，真者是不偽的意思，如者是不動的意思。

龍樹傳祕密佛教

龍樹不但創立大乘的顯教，并且從南印度鐵塔裏，面見金剛薩埵，親受祕教的《大日經》，為後世祕密教的祖師，所以龍樹一人實兼創顯、密兩種大乘教。後世推為釋迦以後大乘佛教的祖師，諒非無故。

無著、世親的有宗大乘

當西曆第四世紀時候，龍樹的空宗大乘教，一轉而為無著（梵名阿僧伽Asaṁga）、世親（梵名婆藪槃豆Vasubandhu）兄弟二人的有宗大乘教。無著是犍陀羅國人，佛滅度後一千年中出世，初從小乘出家，後信大乘。他的兄弟叫世親，起初也從小乘出家，博通小乘經典，替衆人講說，隨講隨寫，做成一部《俱舍論》。他的兄無著示以大乘的道理，世親追悔從前的錯誤，要割斷自己的舌頭，以謝他從前宣揚小乘誹謗大乘的罪過。無著對他說："汝既然用舌頭誹謗大乘，不如更用這舌頭讚揚大乘，何必要割斷呢？"於是世親更做《唯識論》等許多大乘論，弘宣大教。（以上見《婆藪槃豆傳》）。

空無相說和一切唯心說

龍樹《中論》的空無相說，和世親《唯識論》的一切唯心說，驟然看來，似乎立於反對的地位，實則並不衝突，不過各就一方面，詳為說明而已。龍樹所說的，是說客觀的世界，和主觀的心象，都是我們妄想所現的影，倘能掃除這等妄想，那麼真實的妙理（真如），自然顯露出來，這真如是精神的本體，真真實實存在的，不變不動的。無著、世親的《唯識論》，就是說明這絕對不動的精神本體，既然超越於一切，何故會現出這山河大地的客觀境界和妄想分別的主觀心象呢？窮究它的緣起，方知道阿賴耶識（譯為藏識，謂能含藏一切）是心的根本，一方面現出我們的身心，一方面現出山河大地，并且統貫過去、現在、未來三世，做生死輪迴的主人翁。這種學說，叫賴耶緣起論，也就是《唯識論》。可知有宗大乘教，不過就龍樹未曾詳說的緣起方面，特別加以發揮罷了。

大乘的空、有兩大派

然而到了後來，印度的大乘教，就分成空、有兩大派，這兩大潮流，愈演愈甚，就起空、有的爭論，經過數百年而不息。就是傳到中國後，這空、有兩派，到如今還要爭執的。

第三節　大小兩乘的分別

釋迦在世說法時候，對大根器的人，就說比較高深的教理，對小根器的人，就說比較淺近的教理，本沒有大小乘的分別。就是釋迦滅度後，弟子結集小乘經典，也時時有大乘的名字，見於經中。後來雖有大小二乘的分別，不過指教理的淺深，並未含有褒大貶小的意味在內。直到馬鳴龍樹專門提倡以後，方有看輕小乘的學風。如今且將大小乘的分別，略舉如下：

（1）小乘教解釋宇宙萬有的差別，祇限於生滅的現象論；大乘教則於差別的現象以外，說明不生不滅的平等眞如，能達到本體論。

（2）小乘教偏於多苦的人生觀；大乘教雖從多苦觀入手，能更進一步，到達解脫自在的人生觀。

（3）小乘教人心量較狹，急於度脫自己的生死的苦，沒有功夫兼度他人；大乘教人心量較廣，抱有自利利他的圓滿理想，并且以利他爲主。

（4）小乘教的解脫爲消極的，但離現在虛妄的苦果，證到空空寂寂的眞境，拿這個靜的涅槃，做他的終局理想；大乘的解脫爲積極的，知道我們的煩惱，本來是空，苦果自然脫離，修成常樂我淨的四德（常是不變，樂是不苦，我是眞我，淨是不染），拿活動的佛陀，做最後的目的。

以上是大小乘分別的概要：（1）是世界觀，（2）是人生觀，（3）是修行，（4）是證果。

第四節　印度佛教的衰頹

釋迦創立理智的佛教，一切平等，打破印度四姓的階級，壓服婆羅門的舊教風靡一世，勢力的隆盛，可想而知。釋迦滅度後，教外先有阿育王後有迦膩色迦王的提倡保護，教內有馬鳴、龍樹、無著、世親許多高僧，接踵而起，佛教勢力，不但普及全印度，並且推行到別國，遺澤的傳流，有一千五六百年的長久，眞可說是盛極了。

第六章　佛教在印度的盛衰
第四節　印度佛教的衰頹

佛教的兩大時期

　　印度的佛教，大概可分做兩大時期：從釋迦滅度後至西曆二世紀，龍樹出世時為止，可算小乘教隆盛的時期。從龍樹以後至第八世紀，可算是大乘教隆盛的時期。這不過大概的區分，實際上龍樹以前，並非沒有大乘教，看龍樹所著的書中，多有引用大乘經典的地方，可以想見。又龍樹以後，並非沒有小乘教，看龍樹、無著、世親所著的書，其中多有破斥小乘，替大乘辯護的地方，可以知道，況且無著、世親兩人，起先都從小乘出家，可見當時小乘也極其流行的。

佛教衰頹的原因

　　大凡宗教或哲學，有盛就必有衰，佛教也不能逃出這個公例。佛教的勢力，至第七世紀達了極點，至第八世紀，就漸漸衰頹了。它的衰頹原因，固然不止一種，然最大的就是婆羅門教的復興。婆羅門教，在印度有最遠最深的勢力，一旦被佛教所壓倒，彼教中人，那裏能修甘心，於是將他們教規裏不合潮流的地方，漸漸改良。他們的教義，本來幽深，再加以哲學的研究，漸漸進展，所以到第四紀時候，婆羅門教，已經有復興的氣象。偏偏佛教徒中，也有大乘教倔起❶，足足和它對抗，相持又有幾百年。然到了第八世紀時候，彼教中出了一個大人物，叫商羯羅阿闍梨（Śānkar-ācārya），這人生在南印度，於婆羅門的哲學，有極深的研究，并且

---

❶　"倔起"，當為"崛起"。——編者註

拿許多的古代哲學書，加以註釋，又採用佛教的哲理，主張印度哲學的正教，名曰印度教；親自遊歷四方，或派他們的弟子到全印度，傳布自己的教義，以打倒佛教為目的。這時佛教徒中，剛剛沒有傑出的人，可和他對敵，遂不得不被他屈服。到了第十二世紀，回教徒又侵入印度，灌輸他們的教義，勢力也是不小，佛教更受打擊，在印度中原，幾幾乎絕跡了。

然而宗教本來沒有國家界限，所以佛教在印度本國，雖然衰頹，它從印度南北兩方的進展，反有特別發達的現象：南進則傳播於錫蘭、緬甸、爪哇、暹羅、安南等國，成為南方佛教；北進則傳入西域諸國以至中國、西藏、朝鮮、日本，成為北方佛教。這南北兩方的佛教，界線分明，就是南方所傳的完全是小乘教，北方所傳的，雖間有小乘經典，但大部分是大乘教。

問題

一、佛教最❶分裂為幾部？
二、怎麼叫根本分裂枝、末分裂？
三、主智的大乘教、主情的大乘教意義如何？
四、馬鳴龍樹和大乘教的關係？
五、怎樣叫破邪顯正？
六、空的意義如何？
七、祕密佛教的傳受是何人？
八、無著、世親和大乘教的關係？
九、空無相說和一切唯心說的分別？
十、大乘的空、有兩大派如何？
十一、大、小乘的分別有幾種？
十二、佛教兩大時期如何劃分？

---

❶ 此處脫一"初"字。——編者註

十三、佛教何故衰頹？

十四、佛教向南北兩方何國進展？

第七章　佛教傳入中國的狀況

第一節　佛教東傳的時期

東漢明帝遣使訪求佛法

我國歷史相傳，東漢明帝，夜裏做夢，看見金人，身長一丈六尺，頭頂上有白光，從空中而來，飛行殿上。明帝醒後，召集羣臣，占卜這夢。有傅毅回答道："臣聞西域有神，其名曰佛，陛下所夢，將必是乎！"明帝聽了他的話，就派遣蔡愔、秦景等，到天竺（即印度）去訪求佛法。遇見了迦葉摩騰（Kaśyāpamātanga）、竺法蘭（Dharmaraksa）兩僧，於永平十年（西曆紀元六十七年）同到洛陽。明帝極為欣喜，因在洛陽城西門外，建立精舍，以處兩僧。（以上見《高僧傳》卷一。）這是佛教傳到我國的史實。

摩騰、竺法蘭兩僧，都是中印度人。摩騰通曉大小乘經典，本以弘布佛法為自己的任務；竺法蘭誦習經論，多至數萬章，印度學者，尊之為師。他和摩騰，志趣相同，所以不怕路遠，肯隨從蔡愔等來中國。佛教初次東來，信仰的人並不多，這兩僧也翻譯過幾部經典，如今流傳的祇有《四十二章經》一卷。

歷史上雖然是這樣說，其實中國人知道佛教很早很早，決不要

第七章　佛教傳入中國的狀況
第一節　佛教東傳的時期

等到東漢時代，方纔傳來。有的說在周朝末年，已經有佛教；有的說秦始皇時，已經有佛教；從各種書參考的結果，當以《魏書·釋老志》所說，最為可靠。志云："釋氏之學，聞於前漢，武帝元狩中，霍去病獲昆邪王及金人，率長丈餘。帝以為大神，列於甘泉宮，燒香禮拜，此則佛道流通之漸也……及開西域，遣張騫使大夏，還云：身毒有浮圖之教。"看此段文字，最可憑信。武帝時將軍霍去病打破北狄匈奴捉到昆邪王，并得到他們崇奉的金人，大概長有一丈餘，這就是丈六金身的佛像，可知這時佛教，先已從西域流傳到匈奴地方了。後來武帝要削弱匈奴，所以開通西域，派張騫到大夏國（西域國名，今阿富汗的北部），約同西域諸國，夾擊匈奴。張騫回來，就知道大夏的南方有身毒（即印度，天竺、身毒都是異譯）國，國裏有浮圖的教。浮圖就是佛陀二字的異譯。由此看來，佛教流傳到中國，的確在前漢初年，那是無可疑的。

但是佛教雖在前漢時已到中國，這時知道的人太少，並沒有什麼影響，就是東漢明帝時，摩騰、竺法蘭兩僧到後，雖然明帝替他們造僧寺，叫他們翻譯經典，當時信仰的人絕少，所以也沒有什麼大影響。我們祇要拿歷史來細細一看，自從東漢明帝，直到漢末桓帝時，八十年中間，無論正史和他種傳紀，絕無一語涉及佛教，就可以知道。到桓帝建和二年（西紀一四八年），有安世高到中國，這人是安息（古代波斯的王國）國王的太子，出家為僧，博通經典，到中國不久，就通華語，翻譯經典甚多。又有支婁迦讖是月支（西域國名，今新疆地方）國人，於靈帝光和中平年間（西紀一七八～一八九）來洛陽，譯出經典也不少。這兩人到後，佛教在我國漸有勢力，我國信仰的人也漸漸多起來，這可見佛教到中國，能在宗教上佔一位置，確在東漢末年了。

第二節　歷代的譯經事業

　　佛教來中國後，自東漢起，直到宋朝一千數百年間，上自朝廷，下至佛教徒個人，大都努力於譯經事業，所以中國的經典，蔚為鉅觀。如今要略述譯經狀況，可分四個時期來說明：

　　從漢末（西曆二世紀中）到西晉（三世紀末）二百六七十年間，西域諸國和天竺（卽印度）僧徒來中國布教並翻譯經典的人，其數不下六十餘人。安世高從安息國來，譯出的經有九十多部；支婁迦讖從月支國來，譯出的經有二十多部。這兩人所譯的經，最足令我們注意的，就是安世高所譯，大都是小乘，支婁迦讖所譯，大都是大乘，所以可說到中國最初傳小乘教的，是安世高，最初傳大乘教的，是支婁迦讖。至於傳布大乘教最著名的人，就是竺法護，其祖上本居月支，後代遷移到敦煌，世人就稱他為敦煌菩薩。法護通三十六種外國語，在晉武帝時（三世紀末）到中國，從事翻譯工作，有四十多年，所譯的經，其數多至二百部，可稱翻譯大家。但是這幾百年中間，來中國的僧徒，不過於布教的餘暇，從事翻譯，朝廷也沒有加以保護，翻經也沒有一定地點，或者成書於旅行的時候，因此翻譯的體例，既不畫一，譯名也多混淆，所以稱為譯經的初期。

北方關中的佛教

　　到前秦符堅時（四世紀初）有罽賓國僧伽跋澄（Saṁghavarśana)、僧伽提婆（Saṁghadēva）兩人來關中，譯出小乘經典甚多，我國名僧道安實幫助他們翻譯，所以小乘的傳譯，在前秦時獨盛。

後秦姚興時（五世紀初），有龜茲國人鳩摩羅什(Kumarajiva)來長安，秦王姚興尊他為國師，禮遇甚優，《高僧傳》卷二云："自大法東被，始於漢明，涉歷魏晉，《經》《論》漸多，而支（支那）、竺（天竺）所出，多滯文格（扞格不通）。義，興少崇三寶（佛、法、僧為三寶），銳志講集。什既至止，仍請入西明閣及逍遙園，譯出衆經。什既率多諳誦，轉能漢言，音譯流便，既覽舊經，義多紕（音批）繆（錯誤也），皆由先譯（從前人翻譯）失旨（失去本旨），不與梵本相應。於是興使沙門（梵語是出家人的通稱，譯為勤息，勤修善道，止息惡行的意思）僧䂮（音略）、僧遷、法欽、道流、道恆、道標、僧叡、僧肇等八百餘人，諮（問也）受什旨。更令出《大品》（《大般若經》），什持梵本，興執舊經，以相讎（音酬）校（就是對校），其新文異舊者，義皆圓通，衆心愜伏，莫不欣讚。"看這段文字，有可注意的三點：（1）從漢明帝以來，經過魏晉兩朝，譯出的經論雖多，但意義多錯誤，和梵文原本不相應，其病在通梵文的，未必通華文，通華文的，未必通梵文，以致譯文呆滯，譯義扞格。（2）從前譯經，多由西來僧人，於布教的餘暇，自動翻譯，力量有限。這時是得後秦國王姚興的扶助，并且撥出王家的花園做譯場，幫助翻譯僧衆，多至八百人，這種大規模的舉動，是從來所沒有的。（3）鳩摩羅什是曠世天才，於三藏既都能諳誦，并且善於中國語言文字，所以能融會兩國的言文，不必拘拘於直譯，而能為流暢的意譯，在我國翻譯上開一新紀錄。他翻譯的《般若經》《法華經》《中論》《百論》《十二門論》等，多至三百數十卷，大都發揮龍樹的教系，為中國大乘空宗的開始。

南方廬山的佛教

這時南方廬山有高僧慧遠，結白蓮社，僧俗入社的有百二十三人，為我國提倡淨土的初祖。遠博通羣經，和羅什雖沒有見面，然極其推重，每有疑義，常用書函請問羅什，羅什也極佩服他。但是慧遠並不借政治力量的保護，全憑個人的力量，勤苦修行，尤極重戒律。遠於譯經事業，也十分盡力。佛馱跋陀羅（罽賓國人，Gunabhadra)在長安不得志，遠迎接他到廬山，叫他譯出《達摩多羅禪經》，開中國禪門的先河，又譯出有名的《華嚴經》，為中國大乘有宗的開始，都是慧遠的力量。遠并且派遣弟子法淨、法領先後到西域去搜求經典，這時僧伽提婆也來廬山，譯出經典不少。

羅什、慧遠兩派的學風

這時候羅什在長安，為北方佛教的中心，慧遠在廬山，為南方佛教的中心，然兩派學風，則大不相同。羅什受帝王的供養，不拘拘於戒律，徒衆多至數千，聲勢煊赫，不可一世；慧遠却完全相反，持律既非常嚴肅，更不喜親近權勢，風格高逸，國中樂於靜修的人，多願從他，學者也有數百人。當時人說長安佛教，如春花盛開，生氣勃發；廬山佛教，如深秋枯木，旨趣閑寂，可謂確評。這是南北兩派隱然對峙狀況，也是中國大乘教空、有兩大潮流的發源，所以稱為譯經的第二時期。

第七章　佛教傳入中國的狀況
第二節　歷代的譯經事業

南北朝譯經事業的興盛

　　南北朝（五世紀中至六世紀中）翻譯的事業，更加興盛，這裏著名的：宋有求那跋陀羅（Gunabhadra），梁有菩提流支（Bodhiruci），陳有眞諦三藏（梵名拘那羅陀Gunarata）。求那跋陀羅，中天竺人，由小乘進大乘，博通三藏，於元嘉十二年（紀元四三五），從海道到廣州，宋太祖遣使迎接到京師，集合徒衆七百人，譯出大小乘經很多。《高僧傳》卷三有云："寶雲傳譯，慧觀執筆，往復諮析，妙得本旨。"寶雲、慧觀都是學問很好的高僧，有他們兩人，一傳譯，一執筆，并且和求那跋陀羅往返問難，剖析義理，所以譯出的經典，能妙得梵文本旨。菩提流支，北天竺人，徧通三藏，志在弘法，從葱嶺入中國，以魏宣武帝永平元年（紀元五〇八）來洛陽，魏帝使居於大寧寺，供養豐盛，寺中有七百梵僧，以流支做譯經的領袖，二十餘年間，譯出經論多至三十九部。眞諦三藏，西天竺人，以梁大同十二年（紀元五四六）來中國，武帝竭誠供養，本欲盛翻經教，適逢侯景作亂，未及舉行，國家多難，眞諦流離遷徙，不得安居，至陳宣帝時而病歿。然眞諦雖度流離的生涯，而譯事未廢，從梁武末年，至陳宣初卽位，二十三年中，譯出經論記傳，多至六十四部。世親菩薩的教系，由眞諦首先傳入中國，他所譯的《攝大乘論》、《唯識論》等就是。求那跋陀羅、菩提流支兩人，都得帝王幫助，本來眞諦也得梁武帝幫助，惜乎遭逢兵難，沒有一日的安寧，然其成績，還這樣的偉大，倘得身遇承平，一定更有可觀。這時期有可注意的特點，就是第一、二時期翻譯的經典原本，大概自西域傳來，或口傳，或寫本，都是西域文字，譯成華文，已是重譯，就偶然得到梵本，也已經過西域人的改竄，至於譯文，或是直譯，或是意譯，和梵文原本總有點違異，是不可免的。到這時期，原本多自印度得來，譯法也比較完備，所以稱為譯經的第三時期。

唐玄奘赴印度留學

到唐朝貞觀年間（七世紀中），我國有大師玄奘三藏出世，大師俗姓陳，十三歲出家，博學無方，凡是國裏的名師，個個都去請教過，於是深通三藏，名冠京都。然大師以為諸師各有所宗，譯出的經典，也多有隱晦難通的地方，乃立志親往印度，以明其究竟。子然一身，萬里長征，經過西域諸國，備嘗艱苦，方到印度，在印度留學十七年，經歷一百有十國，凡大小乘經論，沒有不學，獲得梵本經典，六百五十七部，歸來獻於朝廷。世俗相傳的《西遊記》小說，就是寫唐三藏這段故事的。唐太宗見玄奘得到這許多經典回來，就叫他在弘福寺從事翻譯，玄奘拿從前翻譯體例，重加改正，一洗向來華梵扞格的毛病，在譯經上又開一新紀元。數十年中譯出經論多至七十六部、一千三百四十七卷。（以上見《大慈恩三藏法師傳》。）玄奘所傳，也是世親菩薩的教系，至此中國大乘有部，於是完成。

密教的傳入中國

到唐玄宗開元時（八世紀中），有中天竺僧善無畏（梵名戍婆揭羅僧訶），拿真言密教，傳來中國，後來又有金剛智（梵名跋日羅菩提，中天竺人）、不空（梵名阿目佉跋折羅，北天竺人）師弟兩人，從海道到中國，傳布密教，於是翻譯的密教經典，一時極盛。

到宋太祖時（九世紀中），曾派遣沙門三百人，往印度求梵本，此後從印度及西域來中國的僧侶既多，從中國到印度去求法的人也不少，往來交通既便，翻譯事業，自然更盛而更完美，到宋以後，國家不復加以提倡，譯經事業，也就終止了。

這時期有可注意的二點：（１）前三期的譯經，雖有本國人參加在內，然總是以梵僧為領袖的，惟有這時期，是玄奘大師，親自西遊歸來，主持譯事，是本國人獨立翻譯的開始。（２）從前三期內，雖有鳩摩羅什、真諦三藏等大匠輩出，然華文、梵文的隔閡，終不得免，并且譯例，也未能十分畫一，到這時，經玄奘改正後，這毛病方完全除去，所以通常也稱前三期所譯的經論為舊譯，玄奘以後所譯的經論為新譯，這是譯經的第四時期。

古代的譯經，異常慎重，要經過多數人的手，並不像現在的譯書，由一人獨譯，或兩人對譯，就算了事，并且所定的體例，十分細密，形式更加莊嚴，如今拿《佛祖統紀》四十三卷所載譯經儀式錄之於下：

於東堂面西，粉布聖壇（就是在東堂向西作一壇場，用粉畫界），開四門，各一梵僧主之，持秘密呪七日夜（持秘密呪七日七夜，是借呪語的力量，使壇場潔淨）。又設木壇，布聖賢名字輪（上面聖壇是方形，這木壇形狀是圓的，一層一層，將佛名、觀音大士名、天神名環繞寫在上面，像車輪形狀），請聖賢（就是佛和菩薩），設香、華、燈、水、殽果之供，禮拜遶旋（譯經的僧徒，禮拜佛菩薩，向右繞木壇而旋轉），祈請冥祐（暗中保祐），以殄魔障（除惡魔的障害）。第一譯主，正坐面外，宣傳梵文。第二證義，坐其左，與譯主評量梵文。第三證文，坐其右，聽譯主高讀梵文，以驗差誤。第四書字，梵學僧審聽梵文，書成華字，猶是梵音。第五筆受，翻梵音成華言。第六綴文，回綴文字，使成句義。第七參譯，參考兩土文字，使無誤。第八刊定，刊削冗長，定取句義。第九潤文官，於僧眾南向設位，參詳潤色。僧眾日日沐浴，三衣（佛制，僧徒祇許著大、中、小三種衣服，以縫綴條數的多少，分別大小：五條為小衣，就是近身的襯衫；七條為中衣，著在襯衫外面；九條為大衣，就是大眾集會時候所著的禮服）、坐具（坐臥時所用的氈席），威儀整肅，所須受用，悉從官給。

看這段文字，凡譯一經，須經過九個人的手，初次譯主，宣讀時候，坐在左的人，和他評量文中的意義，坐在右的人，證明文字的音韻。第四書字人，審聽梵文，先寫成音譯的華文。第五筆受人，再從音譯的華文，翻成義譯的文言。然梵文名詞、動詞的位置，和華文剛剛是顛倒的，所以第六綴文的人，就拿義譯的文言，回轉過來，叫它成功中國的句義。第七參譯的人，還要仔細參考兩土的文字，看譯成的文，是否密合。中國文字，向來是簡而短的，梵文是繁而長的，所以第八刊定的人，再將譯文冗長處刪削之，定為中國的句義。第九潤文官，是帝王所派長於文學的人，他是專管譯成的經文，加以潤色，叫文章有精彩的。譯經這樣慎重，宜乎我國傳流的佛經，精美非常，為學者所公認了。

第三節　各宗的次第成立

我國小乘、大乘各種宗派，怎樣成立的呢？就是譯出某種經、論，便依據這經、論的教義，成立一個宗派。如今依各宗成立先後說明之。先說小乘成實、俱舍兩宗。

小乘[*]

（一）成實宗

姚秦時（五世紀初），鳩摩羅什譯出《成實論》。這部論，是佛滅後九百年光景，訶梨跋摩（中印度人，Harivarman）所做的，內容是就苦、集、滅、道四諦，發揮人空法空的道理。什麼叫人空呢？就是人的身體，是業識為因、父母為緣湊合成功的，因緣分散，人就沒有了，這叫做人空。什麼叫法空呢？人們聽見說人空，就要想到，人的身體固然是空，然而構造這身體的元素（法），終久不滅，是不空的，那裏知道宇宙中間一切東西（法），沒有不是因緣湊合成功的，因緣分散，法也是沒有的，這叫做法空。《成實論》就是說明二空的深理，是小乘空部最後的發展，和大乘已十分接近。南北朝有專講這論的，就共稱為成實宗。在中國開宗獨早，然到唐朝就衰微了，如今研究這論的人，是很少的。

（二）俱舍宗

六朝時（五世紀—六世紀）陳真諦三藏，譯出《俱舍論》。這部論是佛滅後一千年光景，世親菩薩所做的，本名《阿毘達磨俱舍論》，略稱《俱舍》，阿毘譯為對，達磨譯為法，俱舍譯為藏，就是《對法藏論》。內容是就苦、集、滅、道四諦，詳說有漏（有生滅

---

[*]本標題和下面的"大乘"標題均系編者所加。——編者註

的）、無漏（無生滅的）的法，末卷說到無我，是小乘有部最後的發展，和《成實論》正處相反地位。眞諦三藏旣譯這論，幷作解釋，稱為《俱舍釋論》，初開這宗，然不久這《釋論》便佚失了，未能盛行。到唐時（三世紀中）玄奘重新譯成三十卷，門人普光做《俱舍論記》，法寶做《俱舍論疏》，大大的宣傳，這宗就此興盛。然不久又衰，附入於大乘法相宗，今日則研究法相宗的人，多兼習這論。

做這兩部論的人，在印度是《成實論》在先，《俱舍論》在後，恰好傳入中國，也是成實宗在先，俱舍宗在後。

大乘

至於大乘共有八宗，除掉禪宗，是以心傳心、不立文字外，其餘七宗，都有所依的經論，如今也依成立的先後，說明於下。

（一）淨土宗

淨土宗是東晉（四世紀）慧遠所創的，慧遠居江西廬山東林寺，領衆行道，清信的徒衆，都聞風來集，遠乃結白蓮社，開念佛法門，入社的有一百二十三人，有居士，有僧人，其中尤著名的有十八人，世稱蓮社十八高賢。釋迦佛為末世衆生根器淺薄，開這直捷法門，教人一心念阿彌陀佛，發願往生西方極樂世界，所以叫淨土。這念佛方法，不管上智也好、下愚也好，如果至心修持，成功是一樣的。慧遠以後，歷代有提倡的大師，到唐朝善導大師，專以這法普及下級人民，直到如今，淨土宗還是普徧全國社會，比他宗特盛。這宗所依的，有三部經、一部論，就是《無量壽經》、《觀無量壽佛經》、《阿彌陀經》、《往生論》，於教理以外，特重實行。

（二）禪宗

佛家的禪定，是各宗共同的修法，就是將心專注一境，不使散亂。徐徐入定，功夫到得究竟，就能豁然大悟，明心見性，所以我國從漢末安世高到鳩摩羅什，都有譯出的禪經，初不必依此專立一宗。到六朝劉宋時（五世紀中），南天竺菩提達磨（Bodhidharma）來中國，後入北魏，專倡不立文字、直指人心的禪法，就開始成立禪宗。這宗說佛家一切經典，無非是說明超脫生死的真理。這真理猶如天空的月亮，月亮的光，初生時候極微細，不容易看見，惟有明眼的人，能先見到，於是用手指標示月光所在的地方，告訴不能見的愚人，愚人不明白他的意思，反而誤認明眼人的指頭，以為真月。一切經典，就同標月的指頭一樣，如今人誤認經典的文字，以為真理，猶如愚人誤認標月的指頭，以為真月，同一毛病，所以達磨要掃除文字的障礙，倡這直指人心的禪宗。從達磨傳到第六祖慧能以後，我國禪宗，復分成南北兩派，後來南禪又分為五個支派，曰臨濟宗、雲門宗、曹洞宗、潙仰宗、法眼宗。到宋朝以後，他宗皆不振，惟有臨濟一宗盛行，直到如今，南北各大叢林（僧眾集居之寺，如樹木之叢集為林，故名）大多數是臨濟宗的子孫。

（三）三論宗

姚秦時（五世紀初），鳩摩羅什譯出《中論》、《百論》、《十二門論》，三論宗就傳入中國。《中論》、《十二門論》，是佛滅後七百年光景，龍樹菩薩所做的。《百論》是龍樹的弟子提婆菩薩所做的。《百論》內容，是破斥外道的邪見，以明大小兩乘的正道；《中論》前二十五品（品，類也。經論中，以義類相同的文字，分為一段，稱之為品。一品，猶現在的一章），是破大乘的迷執（迷於眞理的執見），明大乘的實理，後二品，是破小乘的迷執，明小乘的實義；《十二門論》說明十二種的法，全是破大乘的迷執，明大乘的實理。前章曾說過龍樹在印度提倡大乘空部教義，他的唯一手段，就在破邪顯正，這三部論，就專為破邪而做的。羅什本來傳承龍樹的教系，所以譯出這三論，竭力宣傳，為中國三論宗的初祖。到唐朝嘉祥大師（名吉藏）做《三論疏》，專拿這論教授學徒，三論宗於是大成。當世稱嘉祥以前為古三論，又稱北地三論；嘉祥以後為新三論，又稱南地三論。北方或又加入龍樹的《大智度論》，稱四論宗，然未大盛。宋以後嘉祥的論疏，久已遺佚，學者不能通三論的義，這宗就併入於天台宗，而衰亡了。如今這三部論疏，已從日本《續藏經》中得來，金陵刻經處，刊印行世，但研究的人尚不甚多。

（四）天台宗

陳隋間（六世紀末），智者大師（名智顗）居天台山，建立這宗。這宗的初祖，是慧文禪師，師讀龍樹《中論》"衆因緣生法，我說即是空，亦為是假名，亦是中道義"（《中論》卷六《觀四諦品》）就悟到一心三觀的妙理，為創立這宗的起因。慧文傳他的弟子慧思，慧思復傳與智顗，到智顗時，天台宗於是大成。怎樣叫一心三觀呢？就是宇宙萬有，看來非常複雜，實則沒有一物，不過內因外緣湊合而生，因緣一經分散，就沒有了，所以衆多的事事物物，都是因和緣所生出的東西（法），這些東西，生生滅滅，了無實在，所以我可以說它就是空。宇宙內許多東西，我們總要替它起個名字，方能分別得清，就是一個假名。我們既知是空，又知道是假名，那麼離開這"空"的"假"的兩種觀念，就是非空非假，合乎中道的義理。天台宗教人用功時候，返觀一心，先掃除一切從因緣所生的妄念，做空觀的功夫，然後再看這妄念怎麼樣會起來的？無非是一個一個的假名，記在心裏，所以念念生起，這就是假觀功夫；悟到非空非假，就是中觀功夫，這是台宗的真實用功法門，從《中論》裏悟得來的。智者大師更拿《法華經》做本宗的主，拿《大智度論》，為本宗的指南，拿《涅槃經》扶助《法華》，依《大品般若經》，詳立空、假、中三觀的方法。這宗師弟依次傳承，歷唐、宋、明、清雖有興衰，然而歷代都有傑出的人物。現代南北講經的諦閑法師（民國二十一年圓寂），也是台宗後起的宗匠，所以天台宗風，如今尚稱興盛。

（五）律宗

　　戒律本是佛家共同的法典，不論那一宗都要遵守的，所以有"佛在世時，以佛為師，佛滅度後，以戒為師"的恒言，可知並無專立一宗的必要，但是律有大乘律、小乘律的分別，大乘律有《梵網經》、《菩薩戒本經》等，小乘律有《十誦律》、《四分律》等。我國從鳩摩羅什提倡《十誦律》後，這律法盛行於長安，更傳播到南方荊州各地，到了南北朝中葉，《四分律》又盛行於北方，降及唐代，《四分律》就壓倒其他諸律，獨盛一時。這時（七世紀初）有道宣律師出世，覺得戒律應當統一，依他的研究，《四分律》最宜於中國，於是廣撰疏鈔，闡明律意，因為道宣住在終南山，故世人特稱為南山宗。這宗傳到宋朝，又有允堪、元照兩律師出世，重復振興，但到元、明兩朝，就已衰微，明末時，竟有出家僧人，要求受戒的師父，也不可得，佛門綱紀，幾乎墜地。清代初葉，有古心律師傑出，他的嗣法子孫三昧、見月兩律師繼起，南山宗由此復興。三昧律師，開設戒壇於江蘇的寶華山，專用律法軌範僧徒，到如今南北大叢林的傳戒，都要遵照寶華山的戒法哩。

（六）法相宗

佛家以宇宙間一切事事物物，統稱之為法，凡法有它的本體，叫做性，有它的現象，叫做相。性祇一個，相有萬殊，就是我們心上起一念頭，也有它的相貌，總名法相。龍樹的大乘空教，是講明諸法本性的，也叫法性宗，傳入中國的三論宗，就屬這一教系。世親的大乘有教，是先講諸法的外相，再講到本性的，叫法相宗。玄狀法師親到中印度，從戒賢（梵名尸羅跋陀羅 Silabbadra）論師，傳這教義，歸國後大宏這宗（七世紀中）；他的大弟子窺基，更完成之，這宗由此大盛。這宗在印度，是佛滅後九百年光景無著菩薩，從彌勒菩薩處傳出《瑜伽師地論》，開始創立這教系，後來世親菩薩做《唯識三十頌》，護法菩薩等做《成唯識論》，方纔成為有力的學說。我國南北朝時，陳真諦三藏，早已翻譯法相經論，然沒有盛行，到玄奘翻譯時，和真諦所譯的，多有不同的地方，因此世人稱真諦所譯的為舊相宗，玄奘所譯的為新相宗。這宗和三論宗恰相反，所依的經有《楞伽》、《阿毘達磨》、《華嚴》、《密嚴》、《解深密》、《菩薩藏》，總共六經；所依的論，有《瑜伽師地》、《顯揚聖教》、《莊嚴》、《辨中邊》、《五蘊》、《雜集》、《攝大乘》、《百法明門》、《分別瑜伽》、《二十唯識》、《成唯識》，總共十一論。唐朝玄奘法師，師弟相承，窺基做《成唯識論述記》及《樞要》，慧沼（窺基弟子）做《成唯識論了義燈》，智周（慧沼弟子）做《成唯識論演祕），大為闡揚，法相宗就盛極一時。到宋以後，研究的人漸少，這幾部重要論疏，也完全佚失。到明朝末年，有明昱、智旭兩大師，對於這宗，著述頗富，然因為沒有看見從前的論疏，解釋不免錯誤。如今論疏也從日本《續藏經》中取回，南北刻經處，分別刊印，學者得以窺見玄奘的本旨，這宗頗有重興的機運。然出家人，以這宗經論，文深義繁，研究的人頗少，在家居士，則以這宗經論，系統分明，切近科學，研究的人較多。

（七）華嚴宗

唐朝（七世紀中）杜順和尚（和尚也稱和上，是印度俗語，譯為親教師），始依《華嚴經》，創立觀心法，名曰法界觀，為這宗的初祖，智儼法師傳承這教系，做《華嚴經搜玄記》，為第二祖；至第三祖賢首國師法藏做《華嚴經探玄記》這宗就大成；第四祖清涼國師澄觀，又做《華嚴懸談》及《演義鈔》，解釋華嚴奧義，於是華嚴宗如日麗中天，隆盛無比。這宗所依的是《華嚴經》，這經卷帙最多，稱為經中的王。昔釋迦牟尼，在菩提樹下成佛的時候，拿他心中自己證得的真理，為弟子們宣說，就是這部大經，佛滅度後，到龍樹菩薩，始拿這經傳布於世。傳到中國有兩種譯本：一種是東晉時佛陀跋陀羅譯的，共六十卷，世稱為《六十華嚴》；杜順和尚，依它立宗，和二祖智儼、三祖法藏所做的記，都是依據《六十華嚴》的本子。一種是唐朝實义難陀（于闐國人 Siksānanda）所譯的，唐武則天皇后，因華嚴舊經，不甚完備，聽見于闐國，另有梵本，派人前去訪求得之，併請實义難陀同來中國，於中宗嗣聖元年（紀元六八四），在大徧空寺，開始翻譯，於聖歷二年（紀元六九九）告成，共計八十卷（以上節取《宋高僧傳》卷三《實义難陀傳》），世稱《八十華嚴》。這部經譯出以後，華嚴宗第四祖澄觀，又依據這經，做《疏》二十卷，做《演義鈔》四十卷，完成這一宗的教義。華嚴宗到唐朝以後，所出人才，不如天台宗的多，所以自宋到明，這宗時斷時續，極為衰微。到清朝初年，有柏亭大師（名成法）出世，為這宗的大匠，這時華嚴典籍，大都散失，大師竭盡心力，重復搜集，撰述極富，華嚴宗於是重興。然此後復衰，雖光緒、宣統年間，有月霞法師，以研究華嚴著名，也沒有十分發展，近來有應慈法師，傳月霞的學，以華嚴教授學徒，可見華嚴到現在，已不絕如縷了。

（八）密宗

密教經典早傳中國，自東晉懷帝永嘉時（四世紀初），帛尸梨蜜多羅（Srimitra）首譯出《孔雀王經》，歷代都有翻譯，然並沒有正式設壇傳道的人，所以密宗的成立，比較他宗，為時最晚。唐玄宗開元時（八世紀中），善無畏來中國，始正式傳布密教，同時金鋼智偕弟子不空也從海道到中國，宏傳這教，為我國有密宗的開始。密教是對顯教而言，顯教是以顯露的言說文字為教，如上面所說三論、天台、法相、華嚴各宗都是，密教反之，是專以持誦密呪為教；又顯教經典，是釋迦牟尼佛所說，密教經典，是毘盧遮那佛（大日如來）所說，這是顯、密兩教不同的地方。這宗經典，以《大日經》和《金剛頂經》為主經典以外，祈禱、供養等儀軌，極為重視。釋迦滅後八百年光景，龍樹菩薩在南天竺鐵塔裏，面見金剛薩埵，傳受密訣，密教就流傳於世。龍樹傳他的弟子龍智，到中國的金剛智，就是龍智的弟子。這宗的祕密法門，是身、口、意三密相應。手結印，是身密；口念呪，是口密；心中觀想，是意密。然若

第七章　佛教傳入中國的狀況
第三節　各宗的次第成立

沒有阿闍黎（譯為軌範師）傳授，就不能學習。唐朝時這宗極盛，到宋朝就衰，明朝時太祖以祕密傳教有流弊，下令禁止，我國就此失傳了。唐時不空的弟子惠果阿闍黎，拿秘密法門，全部傳授於日本空海和尚，他歸國以後，組織很完備的密宗，到如今還流傳不絕。西藏的喇嘛（喇嘛，是西藏語，譯為無上，指高僧而言）教，也是密宗，從印度直接傳入的。佛教在我東晉時早已傳入西藏，至紀元七百二十八年（即唐玄宗時），有印度蓮花生上師，到西藏，就此成立喇嘛教。現在我國的出家和尚，在家的居士，多有赴日本或入西藏研求密教的，因此稱日本所傳的為東密，稱西藏所傳的為藏密。

印度小乘，從上座、大眾兩部分裂後，就分為空、有兩部：上座屬有部，大眾屬空部。傳到中國來，也是這樣，俱舍宗是有部，成實宗是空部。然這兩宗不久就衰，可知小乘教義，和中國社會，不十分相宜。至於大乘八宗，淨土、禪宗成立最早（禪法從漢末安世高就傳入），淨土屬有宗，禪屬空宗，這兩宗成立既早，歷代相傳，沒有間斷，到如今勢力還是普徧全國，這是值得我們注意的。三論是空宗，法相是有宗，這是印度固有的教義，整個兒傳入中國的。這兩宗在從前雖曾有極大的發展，然早已盛極而衰。天台、華嚴兩宗，天台屬空宗，華嚴屬有宗。這兩宗完全是中國人自己創立的，教理的精博，方法的完密，足見我國人組織力的偉大，然現在華嚴極衰，天台比較稍振，終不能和禪、淨二宗，並駕齊驅。至於密教，也屬有宗，成立最遲，終遭禁止，現在雖有重興的機運，還沒有十分流行。

問題

一、佛教何時傳到中國？

二、東漢時翻譯的經典？

三、譯經初期情形如何？

四、關中佛教與廬山佛教內容如何？

五、大乘空、有二宗在我國何時開始？

六、羅什、慧遠兩派的學風相同否？

七、譯經第二時期情形如何？

八、譯經第三時期情形如何？

九、中國的大乘有部由何人完成？

十、密教由何人傳入中國？

十一、譯經的第四時期情形如何？

十二、譯經儀式如何？

十三、小乘兩宗的教義？

十四、淨土宗的內容？

十五、禪宗的開創及分派？

十六、三論宗和四論宗相同否？

十七、天台宗的一心三觀內容如何？

十八、律宗何時成立？

十九、法性和法相的分別？

二十、相宗如何分新舊？

二一、六十華嚴、八十華嚴的分別？

二二、顯、密兩教的內容？

二三、何謂三密相應？

二四、東密、藏密的由來？

第八章　大藏經的雕刻

第一節　國內雕印的大藏經

北宋時蜀板大藏經

我國的雕刻印刷術，起源在什麼時候，已不能確定。據沈括做的《夢溪筆談》裏所說："五代時馮道始印《五經》。"然據《歷代三寶記》卷十二載隋開皇十三年勅："廢像遺經，悉令雕撰。"這兩句文字，可作為雕刻佛像佛經的證據，是知雕刻術，在隋代已經流行了。至於正式雕刻的官板《大藏經》，當以北宋的"蜀板"為開始。宋大祖開寶四年（紀元九七一），遣張從信往益州（今之成都）雕《大藏經》，到太宗太平興國八年（紀元九八三），經過十三年而刻成。這是我國最初雕刻的大藏經，也是最精的板本，惜乎現在祇有殘本，有完全的經、典很少見了。宋太祖振興文化，對於佛教保護提倡，極其盡力。他知道唐朝是佛教全盛時期，翻譯的經典不少，然未能彙集歷來經典，印成全藏，是一種缺點，加以五代的紛亂，佛典的散失也不在少數，這時若不從事搜集，以後更不堪設想；況且太祖統一天下，他的功業，和唐朝開國時，沒有兩樣，這種發展文化的根本計畫，當然要十分努力，突過前朝，所以這雕刻

《大藏經》的大事業，到此就完成了。

這部經板，可惜沒有完全的本子，內容已不甚可考。然據各家記載，全部有四百八十函，五千另四十八卷。字體印紙，都極精美，現在從殘本裏，還可考見一斑。這板刻成，影響到國外，日本、高麗、契丹等國，都到宋朝來請求頒賜一部，回去仿照刊刻，所以這付板子，復做外國刻經的藍本，就這一點，可以知道它的價值。

明朝的南北藏

明太祖微賤時候，本來進皇覺寺做和尚，後來起兵，推翻元朝，為明朝開國的皇帝。他既是和尚出身，對於佛教，自然格外信仰。所以在洪武五年（紀元一三七二），招四方的名德沙門，集於蔣山寺（今南京之紫金山），點校《藏經》，預備刊印，就在南京開雕一部《大藏經》，通稱"南藏板"，總計六百三十六函，六千三百三十一卷，但這時在元末騷亂以後，舊板經帙，多已散失，缺乏校對的材料，所以"南藏板"脫誤極多，且不免有杜撰的地方，後來成祖建都北平因"南藏板"誤謬太多，就於永樂十八年（紀元一四二〇），重新開雕《藏經》，到英宗正統五年（紀元一四四〇）刻成，通稱"北藏板"，總計六百三十六函，六千三百六十一卷。然大體上雖比較"南藏"好一些，也不見得十分完善，不過"南藏"每頁是六行十七字，"北藏"每頁是五行十五字，形式上行數較疏，字跡較大就是了。

第八章　大藏經的雕刻

第一節　國內雕印的大藏經

清朝的龍藏

清代在滿洲時候，本崇信喇嘛教，後來入主中國，就盡力保護佛教，自然拿雕刻藏經，也看做重大事業。從雍正十三年（紀元一七三五）起，到乾隆三年（紀元一七三八），四個年頭，刻成一部全藏，因卷端刻龍紋，所以叫"龍藏"，這部經是拿明朝"北藏"做底本，復增加新材料，總計七百三十五函，七千八百三十八卷。它的內容，是比較宋明的《藏經》，來得豐富。然皇家刻經的目的，在尊重佛教，流通法寶，并且前代既然有成例在先，為國家體面計，自應舉辦，但是當時經手校刊的臣工，未必個盡職，所以這部"龍藏"，內容雖然龐大，也不能算善本。

頻伽藏

清末宣統三年（紀元一九一一），上海頻伽精舍拿私人財力，排印《大藏經》，世人通稱為《頻伽藏》。這部藏經，用日本弘教書院《縮印藏經》做底本，而用四號鉛字排印，比較底本的五號小字，鮮明得多，便於誦讀，總計四十函，八千四百一十六卷。但弘教本是拿《高麗藏》做底本，並拿宋、元、明三藏本，校對同異，標列上眉，於學術上最有價值；《頻伽》本則不然，將校刊記另作數卷，附在經末，檢查甚為不便，并且全書校對不精，訛誤太多。

影印續藏經

佛教遭唐武宗會昌時（九世紀中）的厄難，經教散佚，各宗重要論疏，多流傳於日本。海禁未開的時候，明末清初，雖高僧輩出，因為不能窺見昔賢著述，十分遺憾。到清末海禁大開，國人方知道各宗散佚名著，十之四五，尚存於日本藏經書院刊行的《續藏經》裏面。民國十一年（紀元一九二二），居士徐文霨、蔣維喬等，發起影印《續藏》，由上海商務印書館擔任印刷發行，到十三年而成書，總計一千七百五十七部，七千一百四十八卷。

楊文會的刻經事業

此外還有單行本經典，是清末楊文會居士所發起的。我國向來佛經，祇有全藏，絕少單行本，學者要從事研究，極為困難。文會於清同治五年（紀元一八六六），在南京創辦金陵刻經處，刊刻單行本經論，并手定《大藏輯要目錄》，依據這目錄，以次付刊。後文會與日本南條文雄訂交，託他在日本訪求唐代以來散佚的名著，得藏外典籍二三百種，選擇其中最好的，精校刊行，又得到日本弘教書院《縮影藏經》，據以校刊。文會一生精力，悉用在刻經事業，其手校出板的經籍，在他生前，已多到二千卷，校刊極精，便於學者。當時聽見文會的高風而繼起的，如湖南，如揚州，都設有刻經處。文會歿後，北平、天津也都創辦刻經處，所印經典板本款式，都依文會成規，合在一起，就是一部《大藏輯要》。所以文會在近代佛教的影響，異常偉大。

第二節　國外雕印的大藏經

《高麗板》

宋太宗淳化二年（紀元九九一），高麗遣韓彥恭來中國，請去《蜀板藏經》一部，就有兩次雕刻藏經的大事業：第一次雕刻的時代，傳說不一，大約從顯宗十一年（紀元一〇二〇）開始，經過四朝到宣宗四年（一〇八七），費六十七年的長時間，全部方纔告成，總計五百七十函，五千九百二十四卷。其中除大部分依據蜀板外，復搜集開元以後新譯新撰的經典（《蜀板》但依據《開元錄》，開元以後的譯述，沒有收入），所以內容增加不少。這《初雕板》到高麗高宗十九年（紀元一二三二），蒙古來侵，經過兵燹，經板全部燒毀。高宗既苦蒙古的侵略，自量國勢，又不能和他抵抗，祇有仰仗佛力保佑，以救國難，就在二十三年（紀元一二三六），重新開雕大藏，直到三十八年（紀元一二五一），經十五年方告成。這時高麗所藏舊經，有宋《蜀板》，有契丹新刻成的《丹板》，又有初雕舊本，拿這三本，比較對照，嚴密勘定，成功這部最精的板本，通稱為《再雕板》，總計六百三十九函，六千五百五十七卷。後世學者論及《藏經》，必推尊《麗藏》，諒非無故。著者曩年到日本，曾在某寺觀見這本，精美無倫，日人對我說："現在日本政府，已規定《麗藏》為國寶，不許流傳到外國裏去哩。"

契丹板

　　宋朝雕印《蜀板》，不但影響到高麗，就是契丹國，也受了刺激，促成雕刻《藏經》的事業。本來契丹建國，先於趙宋五十餘年，努力提倡文化，也比宋早，如今眼見《蜀板藏經》告成，如何能不着急，并且彼國素來也尊重佛教，就覺得雕印《大藏經》，為不可緩的事了。開雕年代，大約在興宗之世（紀元一〇三一～五四），到道宗時（紀元一〇五五～六四）完成。《遼史》（契丹後稱遼）第百五十一卷《高麗傳》有云："清寧八年，送《藏經》一部於高麗。"清寧就是道宗的年號，但是《契丹本》，也久已散佚，內容怎麼樣？無從考見，惟清代王昶所撰《金石萃編》第百五十三卷，載有志延所做《賜臺山清水院創造藏經記》云："印《大藏經》，凡五百七十九帙。"就是指《契丹板》，可見在《蜀板》四百八十函以外，也增加不少。

日本板

　　梁代末年（六世紀中），佛教經典，已流傳到日本。到唐朝時，日本人玄昉入中國，留學二十年，於唐玄宗開元二十三年（紀元七三五），歸國，攜去經論章疏五千餘卷。到宋朝時，東大寺等僧奝（音刁）然到中國，宋太宗待他很優，得以遊覽五臺山和各處佛地，這時剛剛是《蜀板藏經》刻成的第二年，太宗雍熙四年（紀元九八七），奝然歸國，太宗拿藏經全部賞給他，這是日本得到全部《大藏經》的開始。後世也就注意刊印佛經，所刊零本不少。復聽見高麗有《再雕板》，就竭力向高麗請求，至十餘次，方得到一部。到寬永十四年（紀元一六三七），有僧人天海，賴德川氏保護的力量，創設雕經局於東叡山寬永寺，開雕全藏，到慶安元年（紀元一六四八），經過十二年而告成，總計六百六十函，六千三百二十三卷。這是活字木板《大藏經》，世稱之為《天海板》。

到明治的時候，印刷術大有進步，日人島田蕃根等，在東京創辦弘教書院，與增上寺僧行誠，共同排印五號活字《小本藏經》，自明治十三年（紀元一八八〇）起，至十八年（紀元一八八五）經過六年而告成，總計四十八帙，八千五百三十四卷，通稱為《縮刷板》。這部經是用《麗藏》做底稿，再拿宋、元、明三本，詳細校對，標記異同，列於上眉，并且全書都加過句讀，便於學者研讀，最為特色。

藏經書院的正續藏

明治三十五年（紀元一九〇二），京都（日本西京）藏經書院，用《明藏》做底本，復刊行《大藏經》用四號活字排印，比《縮刷板》字體較大，也是全部加過句讀，閱者易於醒目，到三十八年，經過四年而告成，總計三十七套，六千九百九十二卷。因為卷端有卍字，通稱為《卍藏板》。藏經書院又刊行《續藏》，於明治三十八年（紀元一九〇五）起，到大正元年（一九一二）經過八年而告成。板式字體，和《卍藏》一律，內容甚富，我國唐以後久經散佚的註疏，大部分被它收入，總計百五十一套，七千一百四十八卷，名曰《大日本續藏經》。惜不久經板遭火災，惟商務印書館影印本，現尚流行，這是極可寶貴的。

到大正年間，高楠順次郎等於大正十二年（紀元一九二三），發起《大正新修大藏經》，比較從前的《藏經》，多有革新的地方：編纂則依學術的基礎；校對不但用"宋""元""明""麗"等舊本，并且採用近代西域諸國地下發掘的珍籍，和我國敦煌所出唐人寫經；經中人名、地名術語，又拿梵文巴利文，一一對照，這實在是近世最善的板本。後來日本遭大地震的災患，這事業幾乎挫折，高楠氏等，苦心經營，到昭和三年（一九二八），竟得全部告成，總計五十五函，二千三百三十六部，九千零六卷。

問題

一、宋太祖何故要雕刻《大藏經》？
二、明朝《南藏》、《北藏》的分別？
三、龍藏在何時雕刻？
四、《瀕❶伽藏》的內容如何？
五、《續藏經》的內容如何？
六、單行本經典是何人刊印？
七、《高麗藏》的內容如何？
八、契丹雕刻藏經在什麼時候？
九、日本雕刻的《藏經》有幾種？

---

❶ "瀕"，當爲"頻"。——編者註

第九章　佛教的研究方法

第一節　佛教大體的研究

佛教自來沒有入門書

凡是研究一種學問，總須先知道它的大體，然後再分門專攻，前者就是概論，初學的人，應由這入手；後者就是各論，那是專門深造。如今要研究佛教，也是這樣。但是古來傳下的佛教書籍，關於概論的極少。近代楊文會居士，他自己從《大乘起信論》入手，後來教授學人，就拿《大乘起信論》做入門書。然這部論說理頗深，又是一家的見解，決不能包括佛教全體。又有人主張初步讀《起信論》外兼讀《華嚴原人論》的。這部論是華嚴宗第五祖宗密所做，內容於儒、佛兩教，一一比較，又拿佛教各宗教理的深淺，歷歷說明，很覺得詳細，然彼著書的本意，是要推尊華嚴，抑置他宗，也是一家的見解，不能包括佛教全體。此外楊文會有自著的《佛教初學課本》，用三字經體裁，雖便誦讀，也不易叫學子了解；范古農所做的《佛教問答》，是限於問答體，不能始終一貫；著者從前也曾做過《佛教淺測》，也覺過於簡單，不足饜學人的希望。如今這部《佛學綱要》，就為應這需要而做的，於佛教的大體，既已包舉無遺；全書用白話文，又易於了解；照現在出板品而論，這確是最合於初學的書。學者讀過以後，如要再進一步，可以讀我的《佛教概論》，這部論的內容，要比較高深一些。

第二節　佛教歷史的研究

印度國民缺乏歷史觀念

一切學術，總有它的來源，和發達變遷的因果關係，所以歷史的研究，極為重要。但是佛教最是特別，向來不重視歷史。這是什麼緣故？原來印度的國民性，喜用幽玄的思考，缺乏歷史的觀念，所以佛典中，關於歷史材料，錯亂荒誕，不可究詰；時代相差幾百年，不算稀奇；敍一人的事，甲書中可說為聖人，乙書可斥為惡徒，極端相反的異說，可以並傳下來，這是佛典歷史特有的現象，至於附會神話，離奇變幻，更到處皆然。況且佛教從釋迦牟尼傳到如今，有三千年的長久，分布區域，南則由錫蘭到緬甸、暹羅、南洋各地，北則由中亞、西域到中國、蒙古、滿洲❶、朝鮮、日本，範圍又這樣廣大。所以研究佛教歷史，比較他種學問，特別困難。近世經過西洋學者，用科學的方法，逐漸整理，日本學者繼之，佛教的歷史，始有系統可尋。我國舊時的佛教徒，也受印度的影響，不曉得注意歷史，就是偶有撰述，也祇限於傳記及編年，要從舊時典籍，尋覓一部有系統的佛教通史，絕對沒有，學者不勝遺

---

❶ 滿洲（1935.3.15～1945.8.15），今指遼甯、吉林和黑龍江三省全境以及內蒙古東部與河北省承德市，這些地方是中國領土不可分割的一部分。——編者註

憾。本書第二、第三章和第五、第六章，頗涉及印度佛教的歷史，第七章，涉及中國佛教的歷史，於佛教上向來最缺乏的史料，特別注重搜集，就為彌補舊時的缺憾起見。學者既得了這種歷史知識，當更做進一步的探究，就現在出版的書籍而論，關於印度方面的，有呂澂所做的《印度佛教史略》；關於中國方面的，有我近著的《中國佛教史》，倘拿這兩書，細看一過，於佛教全部歷史，當可瞭然，不致像從前佛教徒的模糊影響了。

第三節　佛教教理的研究

佛教最後目的

　　研究佛教的主眼，就在教理，教理明白，然後依理修行，脫却生死的迷境，進入涅槃的悟境，方是佛教最後目的。上面各章所講的，儘管千言萬語，可以說都是為明白教理的預備。但教理極其廣博，幾千卷的《藏經》，無一不是講教理的，并且各宗有各宗的教理，我們要研究如何下手呢？這可不必慮，自有執簡馭繁的方法。前文曾說過根本佛教是四諦（第四章第二節），無論各宗教理，講得如何精深廣大，均從四諦推演出來。如今將各經典所講的共同原理提出，加以解釋，探得教理的核心，以後再研究各宗專門的學說，就不至於望洋興歎了。

經典的共同原理

各經所講的共同原理,通稱為五蘊、十二處、十八界三科,是從苦、集二諦,推演而出。今分別加以說明:

(1)五蘊。外而世界,內而身心,種種物質,種種精神,縱橫錯雜,不可紀極,倘剖析起來,無非是許多元素,聚合積集成功的。佛教為之起一名稱,叫做蘊,蘊是積聚的意思。又拿這積聚的物質精神,分為五大類,叫做五蘊。五蘊,是色蘊、受蘊、想蘊、行蘊、識蘊五種。這五種中,拿現在哲學上分類來說,色蘊就是物,受、想、行、識四蘊就是心,世間一切事事物物,可以物、心二元包括無遺,所以佛教的五蘊,也就包括宇宙萬有,毫無遺漏了。色蘊分析起來,有五根五境,我們的眼、耳、鼻、舌、身,叫做五根;眼見色,耳聞聲,鼻嗅香,舌嘗味,身覺得寒、暖、痛、癢等感觸,這色、聲、香、味、觸五種外境,是我們眼、耳、鼻、舌、身五根的對象,叫做五境。我們想想看,宇宙萬有,這樣複雜,然而切實說來,除掉色、聲、香、味、觸五境以外,還有什麼東西?假如我們沒有這五根的感受作用,那麼宇宙萬有,一件都沒有的,所以佛家總稱五根五境為色蘊,包括一切的物質。受、想、行三蘊,是講心理發生的次序,我們的心,是什麼樣?從前的人,拿左胸裏面跳動的肉團,叫做心,如今生理學考證明白,那是發血的器官,並不是心,心是腦神經的作用,似乎可以算定論了。然而有一種單細胞原始動物(阿米巴),它並沒有神經,也有感覺作用,可見腦神經還不過是心的發動機關,不見得就是心的本體。佛教講心的發生次序,第一步為感受,和現在心理學第一步先

第九章　佛教的研究方法
第三節　佛教教理的研究

講感覺，同出一轍。感受從環境而起，我們碰到的環境，有順境，有逆境，碰到順境，就覺得快樂，這叫樂受；碰到逆境就覺得苦痛，這叫苦受；還有碰到不順不逆的境，無所謂樂，無所謂苦，苦樂兩捨，這叫捨受。我們自嬰孩到成人，心理上積聚的感覺，不出這三受，所以叫受蘊。心中積聚了許多感受，這苦、樂、捨等念頭，忽起忽伏，時往時來，就有對境想像事物的作用，這叫想蘊。想像不已，就有作善作惡的動機，由心行動，發現於身、口，這叫行蘊。受、想、行三蘊，講明心理發生的次序，很是精切。前說腦神經還是心的發動機關，不是心的本體，可見別有無形的心靈在那裏，然在佛教，早已說明心靈的本體，叫做識蘊。識蘊分析起來，有八個識，聚合而成的，就是眼識、耳識、鼻識、舌識、身識、意識、第七識、第八識。我們的眼睛球，好像一個凸鏡，外物的影像，射入其中，就能見色。然有時候，心不在焉，視而不見，這是什麼道理？那是外物的影像，雖然射入眼球，却沒有和眼根相對的緣故。佛教所說的眼根，不是眼球，是指球內的視神經而說，所以眼睛看見色，必有一定的條件，叫根境相對，方能發生眼識。眼識既生，就能辨別青、黃、赤、白等顏色，不相對，就不能見的。耳對聲，也是如此，譬如室內掛一個時辰鐘，一點起到十二點，按時發聲。然而我們有時聽見，有時不聽見，就是心不在焉，聽而不聞，可見耳之於聲，也要聽神經（耳根）剛剛和聲音相對，方能發生耳識，辨別聲音的高下長短。此外鼻對香，舌對味，身對觸，都是這樣。至於第六意識，作用廣大，不論有形的、無形的一切事事物物，都是意根的對象。這對象，佛經上有一特別名詞，叫做法，因為一切事物，都有天然的規則，所以拿法字來包括它。意根和法，剛剛相對，就發生意識。我們的妄心，完全是這意識作用，凡夫無一刻不是妄心用事，所以只認意識做心體，就是心理學，也只研究到意識為止。佛家因為有禪定功夫，能叫妄心不起作用，這種功夫，能打破第六識，窺見內在的第七識，這七識中國向不知道，當然沒有名詞，祗好翻譯梵音，叫末那識。梵語末那兩字，譯為執我，凡是有生命的動物，沒有不執持我見的。我們未曾打破第六識，不能窺見第七識的形狀，然而也可以在它作用方面，知道一點。試閉目一想心的現象，這第六意識，一念去，一念來，忽而想甲，忽而想乙，決不能老是拿住一個念頭，注定在一個事物，永遠不轉變的，這可證明第六識是有間斷的。然我們再想一想，就覺我字這個念頭，自從出母胎以來（嬰孩初生，就知道吃娘的乳，就是維持我的生命的一種本能），直到老死，是永遠潛伏在心裏，不間斷的，可知執我念頭，不在第六識的範圍，屬於第七識的範圍了。至於第八識，也是佛家用禪觀功夫，勘破第七識後，方纔知道的，梵語的譯音，叫阿黎耶，是含藏的意義。這識極其廣大，宇宙萬有，無論有生命、無生命的東西，都是這識所變出來的，所謂一切唯心所造，這心字就是指的第八識。倘欲詳說，道理極深，既不易解，又限於篇幅，姑且拿含藏的意義，略說一說。第八識譬如田地，我們的受、想、行三種作用，一經動念，這個念頭，就如種子，落在八識田中，無量數的觀念種子，都含藏得進去。有時這種子，忽出現於腦海，我們就會記得起那件事體，所以我們數十年前往事，忽然會想得出來，都是這八識的含藏作用。我們今生所做的善業惡業，身體雖死，這業力是含藏在第八識中，決不消滅的，所以我們到老死時，這識最後離開軀殼，托生時，這識最先投入母胎，做生死輪迴的主體（拿現在流行的話來說，彷彿像靈魂。但靈魂是限於有生命的，這識連無生命的東西，也是它所造的），就是這第八識。佛家超脫生死功夫，那是用種種方法去修行，拿這識轉成大智慧，不再投入生死海，就成佛了。這八種識合為一蘊，叫做識蘊。

（２）十二處。眼、耳、鼻、舌、身、意和色、聲、香、味、觸、法，叫十二處。處是生長的意思，是說由眼、耳、鼻、身、意的六根，色、聲、香、味、觸、法的六境，能夠生長眼、耳、鼻、舌、身、意的六識的。

（３）十八界。眼根有眼根所處的地位，色境有色境所處的地位，根境相對，發生眼識，眼識也有眼識所處的地位，這根、境、識三者，各有界限，所以叫界。眼界、色界、眼識界；耳界、聲界、耳識界；鼻界、香界、鼻識界；舌界、味界、舌識界；身界、觸界、身識界；意界、法界、意識界；總共有十八界。

有為法和無為法

以上蘊、處、界三科，可以包括宇宙萬有，就是拿苦、集二諦，詳細分說。無論是物是心，都是有生有滅，所以又總括起來，叫做有為法。佛家教人修行，息滅妄心，轉成智慧，脫離蘊處界的生滅境界，進入不生不滅的涅槃境界，就是道諦、滅諦。涅槃沒有生滅，所以叫無為法。一切經論，大概都是說明有生滅是幻境，不生滅方是真境，教人捨有為法而入無為法的，知道這共同原理，教理就不難明白了。

第四節　經論的研究

　　經、律、論三藏，律是佛家的法典，專重實行，不關學理，所以研究佛學，只以經論為主。但是要研究經論，十分困難，約舉起來，大概有三點：第一，名詞的難解。佛典中名詞，均含有特別意義，不像普通名詞，可以尋名索解，況且各種學術，名詞的繁多，殆莫過於佛典，無怪初學的人，一看見許多名詞，就退縮了。第二，文章的深奧。佛典的文章，也和普通文章，大不相同，這是因為從印度文翻譯過來的緣故。印度文法，名詞、動詞的位置，和華文剛剛顛倒，譯為華文，自然不能十分流暢，何況翻譯的語句，都是唐、宋以前的文體，今人讀起來，如何能夠易明瞭。第三，道理的幽玄。佛教的所含哲理，比任何宗教，來得精深，初學的人，要通曉這種精深博大的學說，談何容易。有這三種困難，所以學者對於經論，雖然有志研究，往往掩卷太息，不得入門。著者三十幾年前，就喜歡看佛典，得到一部經，或一部論，不管什麼，便從頭到尾，研讀一遍，雖然讀完，實在未解，然深曉得它的道理，是極高的，於是拿來再讀，覺得似解非解，只得暫時擱置。隔多少時，又拿來閱讀，甚至三讀四讀，不肯罷手，然終不能十分明瞭。這樣徘徊門外，幾幾乎十多年。民元以後，到北平，遇見了許多善知識，或請他口講，或執經問難，方纔得到門徑。自後凡遇到法師講筵，總去列席靜聽，回來自己研究，近十幾年來，始於大小乘性相各宗，均有相當的認識。如今拿我的研究經過情形，報告讀者，可勿若我的迂迴曲折，走許多冤枉路，要十多年方纔入門。如何能不走冤枉路呢？最要緊的，就是初入手研究，總得有一個先生或朋友，替你講解，倘然得不到別人來講解，那麼看完這本書後，於佛典的特別名詞和教理，已經知道一點，就可拿法相宗的兩部入門書，先下手研究。一部是《大乘廣五蘊論》，一部是《大乘百法明門論》，倘然能拿這兩部書，研究一過，就於佛典中的名詞，可以懂得一大部分。從這以後，再看別種經論，可以慢慢的了解。如今拿這兩部論的內容，介紹於下：

　　法相和法性的意義，前文已說過（第七章第三節）。法相宗的經論，可分兩大類：一種是從法相講到法性，就是先講色法，再講心法；一種是從法性講到法相，就是先講心法，再講色法，所以法相宗又可分做兩宗，前者叫法相宗，後者叫唯識宗，《廣五蘊論》是屬於法相宗；《百法明門論》是屬於唯識宗。

　　《五蘊論》是印度世親菩薩所做的，後來安慧菩薩，又替它添些解釋，意義較廣，所以叫《廣五蘊論》。論中所講的，就是色蘊、受蘊、想蘊、行蘊、識蘊，色蘊是色法，識蘊是心法，這是從法相講到法性的。其中包含甚廣，宇宙萬有，都在色蘊裏面，八種心識和心的動作，都在其餘四蘊裏面。講完五蘊，復說十二處，十八界。佛典中重要名詞和緊要道理，大概都講到的。這論是唐朝時地婆訶羅（Divākara）翻譯過來，一向沒有人做過註解，著者從前用近代淺近文字，替它做過一部註，叫《大乘廣五蘊論註》（商務印書館出版），讀者看這部註，就於本文不難瞭解的。

　　《百法明門論》也是世親菩薩所做的，內容是問答體，講一百種法，兩種無我。一百種法，裏面九十四種，是生滅的有為法；六種是不生滅的無為法，教人脫離有為而進入無為。卷末講世間無生命的法，和有生命的人，都是生生滅滅，變遷不停，自己絲毫沒有主宰，實在是無我，叫做人無我，法無我，就是兩種無我。書中講有為法時，先講心法，再講色法，是從法性講到法相，材料仍不出蘊、處、界三科，可和《五蘊論》互相發明的。這論是唐朝時玄奘法師所譯，他的弟子窺基做註解，叫《百法明門論解》，後來人做的註疏，還有好幾種。這樣有註解的本子，各地佛經流通處，都有出售。比較《廣五蘊論》，向來無人註過，却恰相反。可惜舊註，文字太深一點，然都可以做參考的。

　　以上兩部論，不單是法相宗的入門書，并且為研究各種經論的入門書，這是什麼緣故？因為法相宗講宇宙萬有的一切法，比各宗來得詳細，所以包含的名詞最多。研究經論第一重難關在名詞，那麼從這宗入手，懂得名詞的大部分，再看他種經論，可以減却許多困難了。

　　既得入門以後，就應該研習各種經論，或專門研究一宗的經典，看各人性質近於何宗，就習何宗，不必拘泥。如今再將佛學入門書目表，列於下方：

佛學入門書目表

書名	冊數	價目	出版處	內容
總論					
佛教問答、佛教問答選錄	合一冊	二角二分	商務印書館	是書將佛教名詞及要義，用問答體裁說明之，極便初學。
佛學淺測	一冊	五分	佛學書局	是書以淺近文字，敍述佛教奧義，並詳大小乘十家宗派。
佛教初學課本	一冊	一角八分	南京延齡巷金陵刻經處	是書述佛教之緣起及各宗派，淺近詳實。

第九章　佛教的研究方法

第四節　經論的研究

续　表

書名	册數	價目	出版處	內容
佛教概論	一册	八角	中華書局	是書分為三編，第一編緒論，述佛教之由來及分派；第二編本論，述教理與解脫；第三編各論，述大小乘宗派。
十宗略說	一册	四分	金陵刻經處	略述大小乘十家宗派。
佛教研究法	一册	八角	商務印書館	指示佛教實際研究方法，分藏經佛傳教史教理四部。
佛法與科學之比較研究	一册	三角	開明書店	此係科學家王季同所著，用科學證明佛學，極其精切。
歷史部				
印度佛教史略	一册	一元二角	商務印書館	敘述印度佛教之史實學理，頗簡明，並多插圖。
中國佛教史	三册	二元	仝[1]上	從佛教傳入中國以至現代，其中盛衰變遷之跡均敘述詳盡，便於讀者。
佛教史表	一頁	五分	支那內學院	用歷史眼光考定佛教流傳之年月。
華嚴部				
華嚴普賢行願品疏節錄	一册	一角五分	北平佛經流通處	此為華嚴經普賢行願品最後一卷，為華嚴之關鍵，節錄疏文，以便學者。
華嚴原人論合解	一册	二角五分	南京金陵刻經處	述人生之由來，比較儒道二家之說，以佛教為歸宿。
華嚴要解	一册	一角三分	北平佛經流通處	解華嚴經之要義。
方等部				
圓覺經講義	二册	五角	商務印書館	是書為諦閑法師所編，解釋詳明。
圓覺親聞記	二册	五角	仝上	是書為江杜、蔣維喬等聽諦閑法師講經時之筆記，可與講義合看。
圓覺經講義附親聞記	六册	一元三角五分	天津刻經處	即上兩種彙刻本，閱之甚便。
維摩詰經註	二册	三角五分	北平佛經流通處	註釋簡要。

---

[1] "仝"，同"同"，下不另註。——編者註

续表

書名	冊數	價目	出版處	內容
淨土部					
淨土四經	二冊	四角	商務印書館	淨土宗之無量壽佛經、觀無量壽佛經、阿彌陀經、普賢行願品四經合刻。
淨土津梁	九冊	一元四角	仝上	此書為清乾隆時比丘了能所輯，久已佚失，今得此足本，深為可貴。
念佛直指	一冊	四角	仝上	此書由徑山寺原刻影印，為完全足本。
阿彌陀經要解	一冊	一角六分	上海佛經流通處	此書依原刻本印行。
往生論註	一冊	二角九分	仝上	此書依原刻本印行，談淨土往生之事實。
印光法師文鈔	二冊	五角五分	商務印書館	書中多談淨土，發人深省。
法相部					
略述法相義	一冊	二角五分	南京金陵刻經處	談法相之要義。
略述百法義增註	一冊	一角	北平佛經流通處	就略述法相義中，僅取百法，為之增註。
唯識抉擇談	一冊	一角	南京支那內學院	談唯識之要義，多獨到處。
唯識講義及筆記第一二卷	各一冊	各一角五分	仝上	此係歐陽竟無居士，為學者講成唯識論之八段十義而作，其筆記則聽講者隨時所記也。
相宗綱要	一冊	四角五分	商務印書館	詳釋相宗之名詞及要義。
解深密經註	三冊	五角	南京金陵刻經處	學法相者以此經為宗。
佛說大乘稻芉經（附隨聽疏）	一冊	二角	商務印書館	此從唐人寫經中錄出，頗便初學法相者。
性相通說	一冊	七分	南京金陵刻經處	會通性相二宗之義。
百法明門論解疏、大乘五蘊論、廣五蘊論	合一冊	二角二分	仝上	百法明門論、五蘊論為學法相者初入門之書。
相宗八要直解	二冊	三角二分	仝上	取相宗八種要典，加以解釋，雖不免訛誤，然便於初學。

第九章 佛教的研究方法
第四節 經論的研究

续 表

書名	冊數	價目	出版處	內容
大乘廣五蘊論註	一冊	三角半	佛學書局	五蘊論向來無註，讀者頗感困難。此書以淺近文字，解明奧義。
聲明略	一冊	一角	南京支那內學院	印度有五明之學，聲明是其一種。我國翻譯未完備，此書可補其缺。
般若部				
心經、金剛經宗泐註解	一冊	一角一分	南京金陵刻經處	解釋簡明，最便初學。
心經六家註	一冊	二角	商務印書館	擇註解之精當者彙為一編。
般若綱要	四冊	一元二角	北平佛經流通處	詳述般若經之要義。
心經口義記	一冊	非賣品祇取郵費一分	潮州義安路震旦密教重興會	解釋簡明。
法華涅槃部				
法華擊節輪貫	合一冊	一角四分	北平佛經流通處	法華經文義淵深，此書解釋較簡便。
妙玄節要	二冊	三角二分	仝上	節取智者大師法華玄義而成此本。
涅槃玄義	一冊	一角二分	南京金陵刻經處	開為五重，說涅槃經之大意。
祕密部				
楞嚴貫攝	四冊	一元四角	上海佛經流通處	楞嚴經註解甚多，此解詳略適當。
顯密圓通	一冊	一角六分	南京金陵刻經處	會通顯教密教之旨。
菩提心論教相記	一冊	一角三分	仝上	談密宗觀心之法。
密教綱要	二冊	六角	南京金陵刻經處	詳述祕教之綱領。
密宗要義	一冊	一元	上海佛經流通處	於密教之要義，叙述精當。
祕藏寶鑰	一冊	二角二分	上海佛經流通處	即十住心論之節本。
眞言宗付法傳	一冊		仝上	述密宗自西土入中國之師承。

续 表

書名	册數	價目	出版處	內容
大乘論					
大乘起信論講義	二册	四角五分	商務印書館	此書以近來文字，解釋起信奧義，頗便學者。
禪宗					
禪關策進	一册	一角	南京金陵刻經處	說禪關中精進之法。
證道歌註	一册	一角	仝上	說禪門證道之事。
六祖壇經	一册	一角三分	北平佛經流通處	禪宗之第六祖慧能，自述用功得力之處。
天台宗					
童蒙止觀六妙法門	一册	一角七分	南京金陵刻經處	欲學止觀，可以此書為入門。
教觀綱宗	一册	一角	仝上	簡要不繁，便於初學。
隨自意三昧	一册	一角六分	天津刻經處	說明隨時修觀之法。
三論宗					
三論宗綱要	一册	五角	商務印書館	說三論宗之沿革宗綱教理，簡明易曉。
參考書					
重訂教乘法數	六册	一元六角	南京金陵刻經處	將佛經中名詞以數目編列解釋之，便於檢查。
翻譯名義集	六册	一元一角	仝上	內分六十四類，以梵語詳華言，並釋其義。
大明三藏法數	十六册	四元八角	北平佛經流通處	編次方法，與教乘法數相同，而尤為詳備。
佛教小辭典	一册	一元四角	上海醫學書局	藏經中專門名詞，搜集頗備，解釋亦當。
佛教大辭典	十六册	十二元	仝上	此為現在比較詳備之佛教辭書。

問題

一、古來有佛教的入門書否？

二、印度國民何故缺乏歷史觀念？

三、佛教最後目的是什麼？

四、經典的共同原理是什麼？

五、什麼叫蘊、處、界？

六、有為法和無為法的分別？

第十章　佛家的修行方法

第一節　戒、定、慧三學

前文第四章裏，曾經說過釋迦的根本教法，是苦、集、滅、道四諦。我們既已知道人生是苦果，今生所以結成這苦果，是前生所造的業和煩惱聚集成功的。我們如果聽其自然，順著生生死死去輪轉，也就罷了；倘若要超出這苦海，解脫生死的苦痛，就不能不講修行方法，這方法就是四諦中的道諦，叫八正道（見本書第四章第二節）。要實行這八正道，有一定的下手次序，就是戒、定、慧三種學問。

戒學

什麼叫戒學呢？人們的動作，總不外乎身、口、意三業，戒就是防止惡業而定的規條。釋迦在世時候，因為防止弟子們有作惡的行為，立下種種戒條。釋迦滅度後，優波離誦出戒律（見第五章第一節），成為定制，就有律藏，以後分派愈多，條文細密，比丘有二百五十戒，比丘尼有三百四十八戒，成功了專門的學問。但是戒條儘管繁多，都從根本的五戒，推演而出，所以我們祇要知道創立五

第十章　佛家的修行方法
第一節　戒、定、慧三學

戒的本意，就得到戒學的要領了。五戒名目：第一，是不殺戒。人類和畜生，同是有生命的動物，如今為貪自己的口腹，殺害他物的生命，來滋養自己的生命，論情論理，都說不過去；然而人們竟因向來習慣，視為固然，豈不可怪。昔顛雲禪師有云："數百年來碗裏羹，冤深如海恨難平。欲知世上刀兵劫，須聽屠門半夜聲。"何等痛切。動物被人類宰殺，不過力量不敵，無可如何，懷恨報復的念頭，何嘗沒有。這是佛家第一要戒殺的意思。第二，是不盜戒。物各有主，不是我的，何可妄想竊取，這理人人都易明白。但是立戒的本旨，那是對於他人的物，絲毫不生一點妄取的念頭，譬如公家的物件，無論一張紙、一枝筆，我不是公事，也絕不濫用，這就不容易了，這樣方算是不盜。第三，是不邪婬戒。我們投胎做人，就是因為父母的婬欲而來，所以婬欲是生死的源頭。如今要超脫生死，當然要在根本上解決，所以要戒婬。出家人簡直斷絕婬欲，立戒格外的嚴，就叫不婬戒。若是在家人，都有妻室，不容易立刻斷除，故立下不邪婬戒；就是除自己妻室外，不可對他人妻女，有邪婬的行為，叫做不邪婬。第四，是不妄語戒。離開事實，妄造虛言，這種顛倒是非，誑惑眾聽，是最不好的行為，也是人們最容易犯的毛病，所以要立這戒。第五，是不飲酒戒。飲酒足以亂性，令人昏亂，就是照現在衛生家說話，飲酒也是有害無益的，再推廣的說，釋迦在世時候，還沒有吸煙的風俗，所以不曾立不吸煙戒。照現在的習俗，應該立不飲酒、不吸煙戒纔是。

前文曾經說過人們的根本煩惱，是貪、瞋、癡（見第四章第二節），一切煩惱，都從這而出，所以叫三毒。三毒先以意思做動機，然後發現於身的方面，而為殺、盜、婬的惡業；發現於口的方面，而為妄語的惡業；發現於身、口兩方面，而為飲酒的惡業。可知五戒，就是對症發藥，治這三毒的毛病。不殺是戒瞋的，因為凡是殺念，總是由瞋而起的；不盜所以戒貪，凡盜念總是由貪而起的；不婬所以戒癡，男女的慾，總是由癡而起的；不妄語是兼戒貪癡，大概妄語無非是想隱藏自己罪惡，或想詐取名利；隱藏是由癡而起的，詐取是由貪而起的。這貪、瞋、癡三毒，是人們有生以來，本性固有，對此立不殺、不盜、不婬、不妄四戒，是治本性的病，所以這四種叫性戒。至於飲酒雖和貪、瞋、癡也有關係，但是因後天的慾望而起，不是本性所固有的，所以飲酒一戒，叫做遮（禁也）戒。

人們果能實行這種戒學，自然煩惱慢慢減輕，去惡進善，自有把握，所以學佛第一要從戒入手。

定學

什麼叫做定學呢？定是治心的最要功夫。人們的身心苦果，既然是業和煩惱所聚集的因造成功的，可知要解脫這苦果，先要斷這苦因。業和煩惱，無非從心發生，試返觀我們的心，是怎麼樣況？那是前念去，後念來，念念相續不已的無數妄念就是了。於此可下斷言，人們生死的根本（因），就是這個妄念。既已明白這理，所以治心功夫，是最要緊沒有的了。戒學既除掉身、口方面的惡業，定學就專從心的方面下手。下手方法，大概可就預備及實行二段，略說一說。

（1）預備以環境為先，當擇寂靜的地方，免得紛亂心意。所以出家人住的寺院，多在名山；我們在家人，不能入山，但在家中擇一間淨室，也就可以。既得到相當環境，然後先用調身、調心的功夫：身的方面，飲食宜有節不宜多；睡眠宜有一定時間，大概以八小時為度；平時舉動，勿可粗暴，使氣血平和，肢體愉快。心的方面，妄念用事，從吾人有生以來，就是這樣，所謂意馬心猿，要它調伏，真是不易，然不可怕難，慢慢做去，久後自然有效果。須知我們的動作，不外行、住、坐、臥四種威儀，除臥時我們沒有把握外，其餘行、住、坐三威儀，我們要時時刻刻留意，不要聽他胡思亂想。如治亂麻，耐性徐徐理之，自有頭緒。

（２）實行就是每日早晨或晚上，到靜室中去打坐。這也要在身心兩方面注意：身的方面，應置一方榻，上鋪厚軟的墊子，臀部再墊高一二寸，然後盤足端坐於上，或用右腿加於左腿，或用左腿加於右腿，都可隨便；左右手交握，安於小腹的下方；腎囊要懸空，勿使受壓。心的方面，就要一切放下，拿妄念掃除乾淨，祇存一個正念，猶如明鏡，不染一塵。初學的人，於這種功夫，最難下手，但有一種簡便方法，就是數息法。鼻端的氣，一出一入，叫一息。入坐以後，怕心意散亂，就可留意一出一入的息，第一息數個一字，第二息數個二字，如是一直數到十字，再回轉來數一字，循環默數，自一至十，一點不亂，念頭全注在數字上，紛亂自然可免。況且息是屬於身的方面，數是屬於心的方面，今用這法，可使身心自然合而為一。這法是初習定學的人，最合式的。要知道定學的詳細情形，可參看我的《因是子靜坐法續編》。

慧學

什麼叫慧學呢？這慧字極難說明，因為是定力所生的大智慧，到這地步，就能斷妄惑（妄念自然不生），證真理，不是我們平常的小智小慧。我們沒有由定生慧的功夫，要來說這慧學，如何能

107

明白呢！然而不說又不可，姑且略說它的本體，再用譬喻以為證明。原來我們的心，固然是妄念用事，然而我們的眞心，是不動的，不過被妄念遮蔽，眞心就不能發露了。譬如明鏡，被灰塵所遮蔽，好像失掉照物的作用，其實鏡的本體，毫無欠缺，祇須拿灰塵拂拭乾淨，鏡體就仍舊發光，照物無遺了。眞心也就像這樣，當妄念用事時候，如鏡被塵蔽，眞心完全隱藏，我們若用定學，掃除妄念，歸到一個正念，久而久之，妄念脫落，眞心的靈光，自然顯露，這時也如明鏡照物無遺，這就叫做慧學。

　　戒、定、慧三學，是佛家的根本功夫，《三藏》中的《律藏》，是講戒學的；《經藏》是講定學的；《論藏》是講慧學的。小乘從四諦用功，道諦中的八正道，就是戒、定、慧，大乘菩薩的六度（見第四章第二節），也是戒、定、慧。今用表示之如下：

第二節　禪觀

禪是靜慮，觀是觀心，實在就是定學。但各宗都依據定學，各倡本宗的禪觀方法，禪宗並且專以禪觀成為一宗，所以應另立一節，加以說明。

各宗的禪觀，如三論宗的實相觀、法相宗的唯識觀、天台宗的止觀、華嚴宗的法界觀，倘若一一詳說，恐佔篇幅。況且三論、法相兩宗的觀法，現在已無人能修，近乎失傳。就是天台、華嚴兩宗的禪觀，實際上也很少修習的人。如現代宏揚天台宗的諦閑法師，所傳教義，雖是天台，自己修習，也從參禪得力，晚年且專修淨土，並未從事止觀；現在宏揚華嚴宗的應慈法師，所傳教義，雖是華嚴，他率領弟子在禪堂嘗用功，也完全是禪門方法。可見現在祇有禪宗，尚有歷代祖師相傳的禪觀，遺風未墜。著者專就禪宗說禪觀，也是事實上應該這樣，不單為減省篇幅而然。

小乘禪的傳入中國

禪觀自漢末到現在，也經過多少變遷，漢末安世高所譯許多禪經，都屬小乘禪，其中所說的法門，大致不出四念處、五停心等類。四念處就是觀身不淨、觀受是苦、觀心無常、觀法無我四種。我們既要脫離這苦果，應該返觀自身，內儲糞穢，外多汗垢，徧體是不乾淨的，就生厭離思想，這叫觀身不淨。我們感受順境，就快樂；感受逆境，就苦痛。仔細觀察，完全為外境所轉移,實則各種感受,無非是苦,這叫觀受是苦。我們的心,一念生,一念滅,相續不已,沒有一秒鐘停止,這叫觀心無常。世間一切事事物物,都是生生滅滅,了無主宰,這叫觀法無我。五停心就是多貪不淨觀,多瞋慈悲觀,多散數息觀,愚癡因緣觀,多障念佛觀五種。人們貪、瞋、癡等煩惱,各有偏重,五停心是就各人偏重的煩惱,對症發藥,叫他停心作觀。如多貪婬的人,叫他做不淨觀功夫,觀男女的身,都是十分不乾淨,貪念自然漸漸減少,所以說多貪不淨觀。如多瞋怒的人,叫他自己返觀,我與眾生,都是平等,既然平等,何可發怒,損害他人,慈悲的念頭,就會起來,所以說多瞋慈悲觀。人們要進靜室,用打坐功夫,起初大都心意散亂,不能入靜,下手方法,莫妙於數息,前文講定學時,已說過了,就是多散數息觀。對於世間的事事物物,不曉得它是內因外緣,湊合而成,了無實在,總以為是實在有的,因此就生執着,不肯放捨,這是愚癡,治這愚癡病,要他知因緣湊合的道理,所以說愚癡因緣觀。還有一種業障深重的人,要想修行,就生出種種障礙,叫他修不成,這種人自己力量不夠,要仰仗佛力來幫助,所以說多障念佛觀。這種小乘禪法,從漢末流行到東晉,因為方法上面,多冠以四五等數字,就通稱禪數之學。

大乘禪的傳入中國

到東晉時,佛陀跋陀羅,譯出《達摩多羅禪經》,姚秦鳩摩羅什,譯出《坐禪三昧經》、《思惟略要法》等,大乘禪就傳入中國,以一切諸法,都是因緣所生,畢竟是個空相,從這着力,以修禪觀,比小乘進一步,也稱為菩薩禪。六朝劉宋時,菩提達磨到中國，倡不立文字的禪觀，從此禪觀，就自成一宗了。達磨教弟子，既是以心傳心，所以他的方法怎樣，難於詳考。傳到第五祖弘忍，他的門下有兩大弟子名神秀和慧能，神秀才學很高，大衆佩服；慧能並不識字，在碓房裏工作，身操賤役。有一天五祖令弟子各依自己見解，做一偈文，看看他們的功夫怎樣。神秀就做一偈道："身如菩提樹，心如明鏡臺。時時勤拂拭，勿使惹塵埃。"拿此偈貼在大衆共見的地方，衆人個個都歎服。剛剛慧能從碓房走出，問衆人議論的什麼，衆拿此偈文讀給他聽。慧能說這偈不好，衆都笑他。他就口頭改成一偈，說道："菩提本非樹，明鏡亦非臺。本來無一物，何處惹塵埃！"照他的見解，眞合達磨直指人心的本旨，所以弘忍就拿法傳給他，稱為第六祖。（見《六祖壇經》。）神秀的用功方法，慢慢地拿心中妄念拂拭乾淨，是漸進的；慧能的用功方法，豁然悟到妄念本來沒有，用不着去拂拭，是頓悟的。後來神秀的漸法，行於北方，稱北漸；慧能的頓法，行於南方，稱南頓；禪宗就分南北兩派，南禪後來又分五派（五派的名詞，見第七章第三節）。

坐禪與參禪

禪宗的禪觀，無論小乘禪、大乘禪，起初都拿坐禪為主。坐禪是盤膝端坐，心中不思善、不思惡，脫却迷悟生死的妄念，達到安住不動的境界。到宋朝臨濟宗盛行，改用參禪的方法，叫做參話頭，就是抱定一句沒有意味的話頭，如"念佛是誰？"或"父母未生我以前的本來面目？"不論行、住、坐、臥，總是咬定這句話頭，絲毫不放鬆，極力參究，自有豁然貫通、心境開明的一天，就是悟道。這種禪觀法門，簡單直捷，所以到如今，我國臨濟宗的大叢林，還是沿用這法。

禪觀的悟道境界，究竟是怎樣？這難以筆墨形容得出。大概功夫到純熟時候，知情意的作用，均不復起，一切妄念，頓然消失；鼻端呼吸氣息，也幾幾乎斷絕。這時惟有一片光明，內面看不見身心，外面看不見世界，悟道的光景，就是這樣。

第三節　念佛

念佛是淨土宗的法門，但是現在天台、華嚴各宗，都注重念佛。就是禪宗，也要禪淨雙修。這可考見禪、淨兩宗，最適合於我國社會，比較他宗獨盛的緣故。所以念佛方法，也另立一節來說明。

定心念佛與別時念佛

淨土宗在東晉慧遠初創立時，也兼用禪觀，並非專念阿彌陀佛的名字，有所謂定心念佛、別時念佛法門。定心，是心中默想佛的相貌、佛的威德，就是禪觀；別時，是指一定的時間，白天三時，夜間三時，於這一定時間，心想佛在面前，口唱佛名，由此想到將來往生西方佛國，這是慧遠傳下的念佛法門。到唐善導大師，專為接近下級人民，所以單用持名（口唱南無阿彌陀佛）的方法。越簡單，越容易普及，一直傳到如今。全國學佛的，差不多十分之八九，都用這法。

觀想的方法

我們要說明這方法,應該拿觀想和持名兩種,分別來說。《觀無量壽佛》(即無量壽佛阿彌陀佛)經》中,有十六種觀法,說觀想最為詳細。今節錄於下:

第一,日想。正坐西向,諦觀落日,令心堅住,專想不移,見日欲沒,狀如懸鼓。既見日已,閉目開目,皆令明了。是為日想觀。第二,水想。見水澄清,亦令明了,無分散意。既見水已,當起冰想。見冰映徹,作瑠璃想。此想成已,見瑠璃地,內外映徹。是為水想觀。第三,水想成時,觀之明了,閉目開目,不令散失。如此想者,名為麤見極樂國土。是為地想觀。第四,次觀寶樹,行行相當,葉葉相次,於眾葉間,坐諸妙華,涌生諸果。見此樹已,莖、枝、葉、華、果,皆令分明。是為樹想觀。第五,八功德水想。(一澄淨,二清冷,三甘美,四輕軟,五潤澤,六安和,七飲時除飢渴,八飲後能長養諸根。)極樂國土,有八池水,一一水中,有無數蓮華。是為八功德水想觀。第六,國土之上,有五百億寶樓。其樓閣中,有無量諸天,作天伎樂。又有樂器,不鼓自鳴。此想成已,名為麤見極樂世界寶樹、寶地、寶池。是為總想觀。第七,於寶地上,作蓮華想。一一葉上,皆放光明,其光如蓋,徧覆地上。此蓮華臺,眾寶真珠,以為校飾。於其臺上,自然而有四柱寶幢。是為華座想觀。第八,次當想佛。先當想像,閉目開目,見一寶像,身作金色,坐彼華上。見像坐已,心眼得開,了了分明,見極樂國。復作一大蓮華在佛左邊,想一觀音菩薩像,坐左華座。復作一大蓮華在佛右邊,想一大勢至菩薩像,坐右華座。此想成時，佛菩薩像，皆放光明，名為麤想見極樂世界。是為像想觀。第九，當觀無量壽佛，身相光明；眉間白毫（白毫光），右旋宛轉；佛眼青白分明。彼佛圓光，徧照十方世界。是為佛真身想觀。第十，次應觀觀世音菩薩，身紫金色，頂有肉髻，項有圓光，舉身光明，照十方國，以手接引眾生。是為觀世音想觀。第十一，次觀大勢至菩薩，此菩薩身紫金色，亦如觀世音。有緣眾生，皆悉得見。是為大勢至菩薩想觀。第十二，見此事時，當起自心，生於西方極樂世界。於蓮華中，結跏趺坐（即盤膝坐），作蓮華合想，作蓮華開想。蓮華開時，有五百色光來照身想。眼目開想，見佛菩薩滿虛空中。見此事已，名見無量壽佛極樂世界。是為普想觀。第十三，若欲至心生西方者，先當觀於一丈六像，在池水上，如先所說無量壽佛。於十方國，變現自在；或現大身，滿虛空中；或現小身，丈六八尺。所現之形，皆真金色。觀世音菩薩及大勢至菩薩，助阿彌陀佛，落化一切。是為雜想觀。第十四，上品生觀。第十五，中品生觀。第十六，下品生觀。

十六種觀分四個段落

這種觀心方法，就可為淨土宗的禪觀。十六觀中間，可分四個段落：從第一觀到第六觀，是第一段，是觀想極樂國土，這國土在西方，所以先從落日觀起；國土在池水上，故從落日而觀到海水，由水而冰，漸漸變成瑠璃地，是極樂國土，已現在前面；然後觀樹，觀水，觀佛所居的樓閣，這極樂世界，就完全現前了。從第七觀到第十一觀，是第二段，是觀極樂世界中的佛菩薩，佛菩薩都坐在蓮華座上，所以從下面觀起，先見華座；再想我們習見的佛菩薩塑像，坐在華座上面；觀想明了，然後移到無量壽佛、觀世音、大勢至的眞身觀。第十二觀到第十三觀，是第三段，就是想自己往生極樂國土，趺坐在蓮華中間，起初蓮華完全閉合，如在母胎，到蓮華一開，有佛光來照，眼目開明，看見佛菩薩，這就是往生成功，華開見佛。然後重復觀想佛菩薩，在池水上，或在十方，變化自在，普化一切衆生。第十四觀到第十六觀，是第四段，因為修淨土的人，根器有利有鈍，功夫有深有淺，所以往生西方，也分上、中、下三品；每品中間，又分上生、中生、下生三品，共有九品。這最後觀想，是令修行人知道往生的品有高下，可以格外努力的意思。

持名的方法

次說持名，執持阿彌陀佛名號，方法雖簡單，然而也有好幾種。就念佛的方法而說，有覺性念、觀相念、持名念三種。覺性念，就是念佛時候，回光返照（即閉目觀心）自己的本性，本來同佛沒有兩樣，念到一心不亂，念念相應，這心就是佛了。《華嚴經兜率》偈《讚品》：〝以佛為境界，專念而不息；此人得見佛，其數與心等。〞這四句文，是說心中拿佛做對象，一心專念不歇，久久就能看見眞佛，一衆生念佛，得見一佛，多衆生念佛，得見多佛，見佛的數目，和衆生心的數目相等，這叫做覺性念。觀相念，就是依《觀無量壽佛經》的觀法，觀想佛身淨妙，佛土莊嚴，心中觀想，口中念佛；或是初學的人，直用塑像，或畫像，對之作觀，專精念佛。這都叫做觀相念。持名念，就是不作觀想，專持佛名，也有高聲持、金剛持、默持的分別。發出高聲，朗朗持誦，最易提起精神；默持剛剛相反，單是心中默誦，完全不動口舌；金剛持介乎高聲和默誦的中間，單動口而不發出聲音。這可就各人的性質所近，或時間和地方的關係，合宜於那一種，就選用那一種。這叫做持名念。就念佛的聲音而說，有和緩念、追頂念兩種。和緩念，聲音是長而且緩的，先要拿心中一切妄念，統統放下，然後提起一個念佛的正念，鼻端一呼一吸的時間，念一個"南"字，再一呼吸，念一個"無"字，如此逐字念去，聲音極和極緩；倘若旋繞佛像，一面行走，一面念佛，可以一步念一個字，雖然和緩，而一字一字，緜密不斷。這叫做和緩念。追頂念，是念南無阿彌陀佛一句剛完，第二句立刻追頂上去，中間不許有間斷，妄念就無從發生。或預定一天，自早至晚，念個不歇。功夫純熟，可延長到兩天，更加增至七天、十四天、四十九天，念到妄念脫落，虛空粉碎，大地平沈，一法不立，方算得手。這法非精神強健、勇猛刻苦的人不能用，用時也要留心，不可十分高聲以傷氣，不可努力默誦以傷血。這叫做追頂念。就禪淨雙修而說，有禪定念、參究念兩種。禪定念，是坐禪而兼念佛，當澄心靜慮，寂然不動時候，靜極而覺，就拿這覺心，默念佛號。《坐禪三昧經》有云："菩薩坐禪，不念一切，唯念一佛，自得三昧。"（三昧就是定。）就是說禪定念佛，這是最上、最穩的方法。參究念，是參禪而兼念佛，於參究念佛是誰，並參究這念佛的心，怎樣生，怎樣滅，怎樣去，怎樣來，參到盡頭，妄念逼搾乾淨，豁然開悟，同前文所說悟道境界是一樣的。

大凡有知識的人，對於念佛法門，總要懷疑，以為近乎宗教的神話。著者在三十餘年前，開始研究佛學的時候，也是這樣，後來明白了淨土宗的道理，方纔覺到從前的懷疑，全然錯誤。如今拿這道理，簡簡單單說一說。原來我們這個身體，是無明妄心所造成，是虛幻的；這身體所憑依的環境，大地山河，也是妄心所造成的幻境。何以見得呢？如果不是幻境，是真境界，應該不生不滅，常住不變，方算得是真。現在我們的身，從嬰孩到少年，到壯年，到老年，到死，是沒有一刻不變化的；心中前念去，後念來，也沒有一秒時不變化的；大慢❶山河，驟看好像是永久，實則也在那裏刻刻變遷，不過人們不能覺察，必要到火山噴火，地殼震裂，陵谷變遷以後方纔知道罷了。這等內而身心，外而世界，一切的幻境，既然都是妄心所造成，可見妄心是有生有滅的；而妄心所依而起的本體，那是真心，真心却是不生不滅、常住不動的實境。學佛是什麼作用？就是返妄歸真。既然一切幻境，都是妄心所造，那麼學佛下手方法，應該先來移動這個妄心，叫它慢慢地轉到真心；所以各宗的方法雖然不同，而掃除妄念，歸於正念，是共同一貫的。念佛方法，就是收攝衆念，歸於一念，念到一心不亂，真心發露，我們現在所住的惡濁世界，就立刻會變成極樂世界，一切唯心所造，絕對不是虛言。至於前文所說十六種觀想，就是慢慢移轉，妄心妄境，歸到真心真境的法門，目的和念佛，是同一的。古來念佛功深，臨終得往生西方的人，歷史上不少實例，就是現在知友親戚中間念佛得到往生西方的人，耳聞目見，也不在少數，可見這法門的巧妙，能夠普及全國，實非無故。

---

❶ "慢"，依上下文當為"地"。——編者註

第四節　持呪

呪字的意義

　　呪是密宗所用的修行方法，梵語叫陀羅尼，譯為總持，有總一切法，持無量義的意思包含在裏面。佛法沒有到中國以前，我國本有一種禁呪法，能發神驗、除災患。傳布密教的番僧，有時持誦陀羅尼，也能發神驗除災患，和禁呪法有相似的地方，所以翻譯為呪。《大智度論》卷五云："陀羅尼者，秦言（這論是姚秦時鳩摩羅什所譯，故稱華言為秦言）能持，或言能遮。能持者，集種種善法，能持令不散不失，譬如完器盛水，水不漏散；能遮者，惡不善根心生，能遮令不生，若欲作惡罪，持令不作，是名陀羅尼。"這是說持呪的力量，可以進善止惡；止惡作善的功夫，是修行下手最重要的。《佛地論》卷五云："陀羅尼者，增上念慧，能總任持無量佛法，令不忘失。"這是說持呪最後可以成佛的功用。念是念頭，慧是智慧，持呪必定一念注定呪語，持誦既久，能發生智慧，所以增上念慧，是增加正念和正慧，念慧既然增加，就能擔任保持無量佛法，令心中永久就不致忘記遺失，最後就可以成佛了。密宗的持呪，對於身、口、意三方面，都有一定的規矩：每一呪，都有用手指結印的方式，名曰手印，是為身密；口中誦呪文，句句分明，毫無錯誤，是為口密；每一呪，都有佛菩薩的對象，心中觀彼佛菩薩的種子字（以佛菩薩名字的第一個字母，代表佛菩薩的本體，叫種子字，如大日如來的種子，為阿字之類），是為意密。因為修行的人，身、口、意三方面，同入於祕密的境界，妄念自然可以不起，功夫久久純熟，就可以卽身成佛的，這是密教修行和顯教不同的地方。然而顯教的經典中，附有呪語的也很多，如普通所念的《大悲呪》、《往生呪》等等，它的功用，和密宗沒有兩樣，不過顯教修行，是拿持呪做助力的；密宗是拿持呪做主體的，並且密宗的呪，有手印，有觀相，必定要阿闍梨（軌範師）親口傳授，方有效力；顯教持呪，不必一定用手印觀相，可以隨便傳授，這是顯、密兩教持呪方法不同的地方。

問題

一、戒、定、慧三學的內容？

二、性戒、遮戒怎樣分別？

三、定學如何預備？如何實行？

四、小乘禪和大乘禪怎樣分別？

五、禪宗南、北兩派何時所分？

六、坐禪、參禪的分別？

七、定心念佛、別時念佛的分別？

八、持名的方法如何？

九、觀想法有幾種？

十、十六觀分幾個段落？

十一、呪字是如何意義？

十二、顯、密兩教持呪如何不同？

第十一章　結論

全書的旨趣

　　這部書已經完成，應該拿全書的旨趣，做一篇結論。這書第一章，是佛學的界說。第二章說佛教的來源。第三章到第六章，說佛教成立的背景，和釋迦生前、生後，佛教內部、外部的變遷盛衰，都是關於印度方面的史實。第七章、第八章，是說佛教傳入中國方面的史實。第九章是說研究佛教的方法。第十章是說佛家實地修行的方法。佛教最大目的，是教人修行，超脫生死苦痛，無論研究歷史，研究教理，都是為修行的預備，所以拿這章列在最後，就是全部的歸結。

問題

試就第一章至第十章說明其旨趣？

附參考書

中文

書名	著作者	出版處
大正大藏經	高楠順次郎等	日本大正一切經刊行會
續藏經	前田慧雲等	商務印書館
大乘廣五蘊論註	蔣維喬	佛學書局
中國佛教史	仝上	商務印書館
佛教概論	仝上	中華書局
因是子靜坐法續編	仝上	商務印書館
印度佛教史略	呂澂	仝上
佛教研究法	仝上	仝上
大明三藏法數	明一如集註	上海佛經流通處
佛學大辭典	丁福保譯	上海醫學書局

日文*

書名	著作者	出版處
印度佛教史綱	境野哲	森江本店
佛教概論	高木俊一	興教書院
佛教概論	金子大榮	岩波書店
根本佛教	姊崎正治	博文館
佛教聖典概論	深浦正文	生田書店
佛教辭林	藤井宣正	明治書院

---

* 標題行係編者所加。——編者註

索 引

A
Aśoka 43
Atharva-Veda 15

B
Bodhiruci 67
Buddha 9
Buddhagaya 23

G
Gautama 20
Gunabhadra 66, 67

K
Kapimala 54
Karanda 25
Kuśinagara 26

L
Lumbini 21

M
Magadha 25
Manu 17

P
Pippala 23, 38
Prasenajit 25

R
Rig-Veda 15

S
Suddodana 21

U
Upaniṣad 16

V
Vaiśya 17
Veda 15
Venuvana 25
Vinayapitaka 11

Y
Yajur-Veda 15

三劃
上品生觀 114
下品生觀 114
大日經 56, 78
大迦葉 27, 38, 39, 47
大品般若經 75
大乘起信論 53, 89, 102
大乘教 46, 49, 53, 54, 56, 57, 58,

59, 60, 64, 66
大乘經典 46, 47, 54, 59
大乘禪 110, 111, 119
大般涅槃經 27
大智度論 47, 74, 75, 118
大勢至菩薩想觀 114
大藏經 10, 11, 81, 82, 83, 85, 86, 87, 88, 121, 130
小乘教 47, 58, 59, 60, 64, 79
小乘禪 109, 111, 119

四劃

中阿含經 39
中品生觀 114
分律 40, 41, 75
切經 10, 73, 95, 121
孔雀王經 78
日想觀 113
比丘 25, 38, 39, 40, 41, 43, 44, 47, 54, 100, 104
比丘尼 26, 104
水想觀 113
王舍 25, 26, 38

五劃

功德水想觀 113
尼連禪河 22
正覺 22, 23, 27

六劃

因緣 26, 31, 32, 35, 71, 74, 110

地想觀 113
宇宙 16, 33, 55, 58, 71, 74, 76, 92, 95, 97, 98
成唯識論述記 76
自覺 9
色蘊 92, 97
行蘊 92, 97

七劃

佛地論 118
佛戒 41
佛陀 ... 9, 18, 19, 20, 24, 25, 58, 63
佛陀伽耶 23
佛陀跋陀羅 77, 110
佛典 4, 81, 90, 96, 129
佛眞身想觀 114
佛教概論 90, 99, 121
佛經 12, 37, 54, 70, 72, 81, 84, 86, 93, 98, 99, 100, 101, 102, 115, 121, 129
佛學 4, 5, 7, 9, 10, 11, 12, 13, 96, 98, 99, 101, 116, 120, 121, 129, 130
佛學大要 12
佛學淺測 98
佛學綱要 4, 12, 89, 129, 130
吠陀 15, 16, 20
吠舍 17
戒學 104, 106, 108
求那跋陀羅 67

沙磨吠陀 15
阿含經 39, 49
阿育王 43, 44, 45, 51, 58
阿毗達磨 11
阿羅邏迦蘭 22
阿難陀 27, 39, 48
阿闍婆吠陀 15

八劃

夜柔吠陀 15
宗教 4, 9, 14, 15, 16, 17, 18, 19, 24, 28, 35, 47, 55, 59, 60, 63, 75, 89, 91, 96, 116
定學 .. 106, 107, 108, 109, 110, 119
拘尸那揭羅 26
林精舍 25
波婆 27
波斯匿 25, 29
竺法蘭 62, 63
耶輸陀羅 22
舍衛 25
迦毘摩羅 54
迦毘羅衛 21
迦葉摩騰 62
迦膩色迦王 45, 46, 53, 58
迦蘭陀 25
金剛頂經 78
長阿含經 39
受蘊 92, 97

九劃

保守派 47, 51
剎帝利 17
契丹板 86
律藏 10, 38, 39, 46, 47, 48, 49, 104, 108
思惟略要法 110
毗奈耶 11
首陀羅 17, 19

十劃

素咀纜 10, 48
華座想觀 113
華嚴 66, 76, 77, 78, 79, 80, 89, 99, 109, 112, 115
華嚴宗 77, 89, 109
華嚴原人論 89, 99
高麗藏 83, 88

十一劃

唯心主義 16
唯識論 56, 67, 76, 100, 130
商羯羅阿闍梨 59
婆羅門教 18, 19, 22, 40, 47, 53, 54, 59
婆羅捺斯 25
密教 48, 50, 56, 68, 78, 79, 80, 101, 118
密嚴 76
悉達多 20, 21
教典 15

淨飯王 21, 22
祭祀明論 15
菩提 23, 30, 36, 67, 69, 73, 77, 101, 110
菩提流支 67
菩薩戒本經 75
菩薩藏 47, 76
進取派 47, 51

十二劃

普想觀 114
跋迦婆 22

十三劃

像想觀 114
想蘊 92, 97
經藏 10, 38, 39, 46, 48, 49, 108
聖典 15, 16, 121
解深密 76, 100
鳩摩羅什 65, 69, 71, 73, 75, 110, 118
蜀板藏經 85, 86

十四劃

歌詠明論 15
僧伽提婆 65, 66
僧伽跋澄 64
廣 2, 5, 13, 23, 34, 36, 53, 58, 67, 75, 90, 91, 93, 97, 98, 100, 101, 105, 121, 130

十五劃

墨守主義 51
慧遠 66, 72, 80, 112
慧學 107, 108
摩拏 17
摩揭陀 25, 26, 27, 38, 43, 45, 53
論藏 10, 39, 46, 48, 108

十六劃

學佛 12, 13, 106, 112, 117, 130
樹想觀 113
諦 31, 33, 35, 37, 67, 69, 71, 74, 76, 91, 92, 95, 99, 104, 108, 109, 113
頻婆沙羅 25
龍樹 54, 55, 56, 57, 58, 59, 60, 65, 73, 74, 76, 77, 78

十七劃

優波尼沙曇 16
優波離 39, 40, 49, 104
總想觀 113
藍毗尼 21

十八劃

雜阿含經 39
雜想觀 114

十九劃

羅什 65, 66, 74, 80
羅睺羅 22
蘊 1, 48, 76, 92, 95, 97, 98, 100,

101, 103, 121

識蘊 92, 97

二十劃

覺他 9

覺行圓滿 9

護法 76

釋迦牟尼 20, 21, 48, 77, 78, 90, 130

二十一劃

禳災明論 15

續藏經 74, 77, 84, 87, 88, 121

二十三劃

顯教 48, 50, 56, 78, 101, 119

二十四劃

觀世音想觀 114

二十六劃

讚誦明論 15

二十九劃

鬱陀迦羅摩子 22

編後記

　　蔣維喬是中國20世紀初較早對佛教教義和思想進行研究的學者之一，其所編著的《佛學綱要》初版于民國二十四年（1935年）二月，是中國較早的一部既有系統又較通俗的佛學著作，對中國近代學界的佛學研究影響較大。

　　蔣維喬（1873～1958年），字竹莊，號因是子，江蘇武進（今常州）人，中國近代哲學家、教育家、佛學家、養生學家、佛教居士。蔣維喬先生早年致力于教育事業，曾任教育部秘書長、江蘇省教育廳廳長、東南大學校長等職。後皈依諦閑大師，法名顯覺，成爲虔誠的佛教徒。後又親隨太虛大師學習因明學。新中國成立後，曾任江蘇省人民政府委員、上海文史研究館副館長等職。

　　蔣維喬研究佛學與其自身經歷有著密切的關系。早在28歲時，他因"得肺疾，咳嗽咯血，百藥罔效"，于是每日"四次靜坐，余暇則讀老、莊及佛經"，三月後，"病霍然而愈"。但開始學習佛學時他頗不得要領，在《佛學綱要》的"自序"中，他說："三十幾年前，自己研究佛典，得不到淺近入門書，枉費了無數的冤枉功夫。"蔣維喬真正潛心佛學是在1917年9月，他第二次北上任教育部參事時。當時，浙江海鹽縣的徐蔚如任財政部會計司長，蔣維喬在北京認識了他。受自幼信佛的徐蔚如影響，蔣維喬開始研究佛學並信佛。四川人張克誠在北京廣濟寺講經，徐蔚如介紹蔣維喬跟隨張克誠學習唯識論。在這期間，蔣維喬建議北京大學哲學系開設唯識學課程，此爲我國高校開設佛教課程之始。自20年代開始，蔣維喬編寫多部佛學著作，出版了《中國佛教史》《因是子靜坐法》《佛教概論》《佛學綱要》等多部佛學著作，爲弘揚佛教優秀文化做出了重要的貢獻。

1930年起，蔣維喬應上海中華書局之約，足足花了五年時間，著述而成《佛學綱要》。全書共分十一章，在《緒論》裏，介紹了什麼叫做佛學，研究佛學怎麼樣下手，並對"佛學"與"學佛"進行區分；其後，就佛教的背景和它成立的原因、釋迦牟尼的略史、佛教的立腳點和它的教法、釋迦滅度以後弟子結集遺教、佛教在印度的盛衰、佛教傳入中國的狀況、《大藏經》的雕刻、佛教的研究方法和佛家的修行方法分章進行敘述。本書是著者第一次用白話文將佛教的起源、變遷、傳播以及教理、經典等作了細緻敘述，內容深入淺出、通俗易懂，以供彼時民國中等學校者課外閱讀之用，使一般具有中學程度的人，閱讀以後即"可得到佛教的全部概況"。

本書整理所用的底本，爲1935年2月上海中华书局所印。秉承真實保留原書內容爲宗旨，進行版式上的調整。需要說明的是：第一，將原書豎排版版式轉換爲橫排版式，並在原書體例、層次及列表上作出調整。第二，原文在內容和知識性上存在少數幾處錯誤，此次整理以"編者注"的方式進行修正或解釋，原文仍作保留。第三，原書存在部分繁簡混用情況，系民國時代的語言習慣所致，整理時予以保留。第四，標點符號方面，由于民國時期標點符號用法與今天現代漢語標點符號規則有一定差異，以尊重原稿为主,依據現代漢語标点規則適度修改。限于整理者水平,書中不免存在遺漏與不妥之處,還望讀者批評指正。

陳璐
二零一二年十二月

《民國文存》第一輯書目

紅樓夢附集十二種	徐復初
萬國博覽會遊記	屠坤華
國學必讀（上）	錢基博
國學必讀（下）	錢基博
中國寓言與神話	胡懷琛
文選學	駱鴻凱
中國書史	查猛濟、陳彬龢
林紓筆記及選評兩種	林紓
程伊川年譜	姚名達
左宗棠家書	胡嘯天
積微居文錄	楊樹達
中國文字與書法	陳彬龢
中國六大文豪	謝無量
中國學術大綱	蔡尚思
中國僧伽之詩生活	張長弓
中國近三百年哲學史	蔣維喬
段硯齋雜文	沈兼士
清代學者整理舊學之總成績	梁啟超
墨子綜釋	支偉成
讀淮南子	盧錫烺

國外考察記兩種	傅芸子、程硯秋
古文筆法百篇	胡懷琛
中國文學史	劉大白
紅樓夢研究兩種	李辰冬、壽鵬飛
閒話上海	馬健行
老學蛻語	范禕
中國文學史	林傳甲
墨子閒詁箋	張純一
中國國文法	吳瀛
錢基博著作三種	錢基博
老莊研究兩種	陳柱、顧實
清初五大師集（卷一）·黃梨洲集	許嘯天
清初五大師集（卷二）·顧亭林集	許嘯天
清初五大師集（卷三）·王船山集	許嘯天
清初五大師集（卷四）·朱舜水集	許嘯天
清初五大師集（卷五）·顏習齋集	許嘯天
文學論	夏目漱石、張我軍
經學史論	本田成之、江俠庵
經史子集要略	羅止園
古代詩詞研究三種	胡樸安、賀楊靈、徐珂
古代文學研究三種	張西堂、羅常培、呂思勉
巴拿馬太平洋萬國博覽會要覽	李宣龔
國史通略	張震南
先秦經濟思想史	甘乃光、熊夢
三國晉初史略	王鍾麒
清史講義（上）	汪榮寶、許國英
清史講義（下）	汪榮寶、許國英

清史要略	陳懷
中國近百年史要	陳懷
中國近百年史（上）	孟世傑
中國近百年史（下）	孟世傑
中國近世史	魏野疇
中國歷代黨爭史	王桐齡
古書源流（上）	李繼煌
古書源流（下）	李繼煌
史學叢書	呂思勉
中華幣制史	張家驤
中國貨幣研究二種	徐滄水、章宗元
歷代屯田考（上）	張君約
歷代屯田考（下）	張君約
東方研究史	莫東寅
近世歐洲史	何炳松
西洋教育思想史（上）	蔣徑三
西洋教育思想史（下）	蔣徑三
西洋教育史大綱	姜琦